KB272595

하나, 둘 해외여행 프랑스어

여행 준비물 제1호

국제언어교육연구회 엮음

太乙出版社

　해외여행이 완전히 자유화 되면서 여행하는 사람들의 수가 날로 많아지고 있습니다. 자국을 여행하는 것도 큰 어려움으로 생각했던 시대는 가고 지금은 세계일주까지도 보통으로 생각하는 세상에 살고 있습니다.

　낯선 땅을 여행하며 그곳의 경치를 즐기고 온갖 볼거리를 구경하면서 풍물을 배우는 것보다 더 즐거운 일은 없습니다. 해외여행은 유익한 기회가 되어야 하며 미지의 세계를 찾는 일은 견문을 넓히는 기회로 보고, 듣고, 느낀 것이 모두 유익한 교양이 되도록 해야 합니다.

　국내여행보다는 비용이 많이 들기 마련이어서 해외여행은 알뜰해야 하는데 이렇게 귀중한 기회인 해외여행을 유익하고 알뜰하게 하려면 무엇보다도 먼저 빈틈없는 계획과 준비를 해야 합니다.

　뚜렷한 여행 목적을 가지고 무엇을 위해 해외여행을 하는가를 확실히 해야 합니다. 여행 목적이 세워졌으면 이에 따라 목적지, 여행방법, 여행시기 및 기간, 경비 등의 구체적인 계획을 세웁니다. 이 모든 즐거운 계획들이 효과적으로 원만히 진행되려면 무엇보다 중요한 것은 의사소통 문제입니다. 가장 기본적인 문제는 발길을 옮길때마다 일어나는 상황에서 꼭 알아들어야 되고 꼭 해야 할 표현을 못듣고, 못하여 실수를 하거나 난처한 경우를 당하는 일입니다.

실수를 통해 배운다는 말도 있지만 실수하지 않고 배우는 것은 더욱 지혜로운 일입니다. 예전과는 달리 우리의 국력에 걸맞게 최소한의 체면을 지키고 국제적인 매너에도 자연스럽게 적응하는 일이 필요합니다.

이 **하나, 둘 해외여행 프랑스어**는 여행하는 분들로 하여금 언어소통에 불편이 없도록 하여 편안한 여행이 되도록 만들어졌습니다. 휴대하기가 간편하여 수시로 이용할 수 있고 우리말로도 쓰여 있어 편리하게 되어 있습니다.

"**하나, 둘**"에서, **하나**는 지금 닥친 상황에 꼭 해야 할 **한 마디**를 말하며, **둘**은 외국인이 물어올 예상되는 **두 마디**를 말합니다.

출국과 여행, 그리고 귀국에 이르기까지 빈틈없이 상황을 부여하여 **하나와 둘**을 기록했으므로 정말 기분 좋은 여행이 되실 것입니다.

그리고 **보다 더 만전을 기하고 싶어하는 분들을 위해서** 뒷부분의 부록에 **최종 점검**을 할 수 있도록 해 두었으니 많이 이용하시기 바랍니다.

대망의 21세기가 활짝 열리면서 국제화, 개방화의 급속한 변화 추세 속에서 국가도 웅비하고 개인도 부강하고 이 책을 공부하는 여행자에게도 비약이 있기 바라며 또 그렇게 되기를 확신해 마지 않습니다.

편집부

글 싣는 순서

포켓
하나, 둘 해외여행 프랑스어
Un journal,
s'il vous
plaît

여행준비는 이렇게 하세요

여 권 해외여행 신분증명서

(1) 소양교육과 신원조회를 마치고 외무부 여권과에서 발급 받으세요.

(2) 지방의 경우는 각 시도 여권계에서 발급 받으세요.

(3) 수속하는데 열흘 정도 걸립니다.

비 자 여행 대상국에서 입국을 허가해 주는 입국사증

(1) 우리나라와 상호 비자 면제 협정을 맺은 나라와 맺지않은 나라가 있는 점에 유의하시기 바랍니다.

항공권 비행기표

(1) 여행 일정에 알맞는 항공편을 미리 예약해두세요.

(2) 한 곳에 몇일 이상 머물 때는 출발 3일전에 반드시 항공편을 예약 재확인 해두어야 합니다.

보 험 상해·질병·항공기 납치 등의 뜻밖의 사고에 대비해 보험에 들어두면 안심할 수 있습니다.

환 전 은행에서 해외 통용 외화로 바꾸어야 합니다.

(1) 여행자수표는 환전한 다음 윗쪽에 서명하고 쓸 때 아랫쪽에 서명합니다.

(2) 신용카드로 사용할 수 있으며 귀국후 우리나라 돈으로 결재가 가능합니다.

출입국절차 공항이나 또는 항만에서 세관·출입국심사·검역의 절차를 밟게 됩니다.

(1) 출국할 때 공항에는 보통 2~3시간 전, 늦어도 1시간 전에 도착해야 합니다.

탑승수속 이용하는 항공사의 데스크를 찾아가셔야 합니다.

(1) 여권과 항공권을 제시하고 공항세를 내면 항공권의 좌석을 배정 받습니다.

(2) 이때 수하물을 탁송 처리합니다.

(3) 좌석이 적힌 탑승권과 화물인환증을 받아 출국장으로 갑니다.

세 관 보안 검사를 마치고 휴대품에 대한 검사를 받습니다.

(1) 값비싼 물건은 신고해 두어야 입국할 때 세금을 물지 않습니다.

출국심사 여권, 항공기탑승권, 출국신고시를 내면 최종심사후 여권에 스탬프를 찍어 돌려 줍니다.

(1) 이곳을 나오면 탑승 대기실입니다.

(2) 탑승권에 찍힌 번호의 탑승구로 가면 됩니다.

검 역 전염병 발생지역을 여행하는 경우 예방접종카드를 확인하지만 일반적으로 생략합니다.

입국절차 출국절차와 정반대입니다. 검역에 이어 여권·입국신고서를 내고 수하물을 찾고 세관에서 통관 절차를 밟습니다.

꼭 알아야 할 단어

1. **여권** : 빠스뽀르
   passport

2. **비자** : 비―자
   visa

3. **항공권** : 비이에 다비옹
   billet d'avion

4. **환전** : 샹쥐
   change

5. **항공편 예약 재확인** : 꽁피르마씨옹 드 라 레제르바씨옹 뒤 볼
   confirmation de la réservation du vol

6. **이서** : 앙도
   endos

7. **보험 · 보험금(액)** : 아쒸랑스 · 앙뎀니떼
   assurance · indemnité

8. **탑승수속** : 포르말리떼 당바르끄망
   formalités d'embarquement

9. **세관** : 두안느
   douane

10. **출국심사** : 꽁트롤 뿌르 르 데빠르
    contrôle pour le départ:

11. **검역** : 꽁트롤 싸니떼르
    contrôle sanitaire

12. 입국절차 :　포르말리떼 당트레
formalités d'entrée

13. 출국허가 :　뻬르미씨옹 당바르끄망
permission d'embarquement

14. 입국허가 :　뻬르미씨옹 당트레
permission d'entrée

15. 탑승권 :　까르트 당바르끄망
carte d'embarquement

16. 화물인환증 :　꾸뽕 드 까르게종
coupon de cargaison

17. 탑승구 :　뽀르뜨 당바르끄망
porte d'embarquement

18. 예방접종카드 :　까르뜨 드 박씨나씨옹
carte de vaccination

19. 수하물 찾는 곳 :　리브레종 데 바가쥐
livraison des bagages

20. 공항수하물보관소 :　꽁씬느 다에로뽀르
consigne d'aéroport

21. 호텔에서의 투숙절차 :　포르말리떼 드 로쥐망 당 쟁 오뗄
formalités de logement dans un hôtel

22. 호텔의 계산(방을 비우기 위해) :　노뜨 도뗄
note d'hôtel

23. 호텔귀중품보관소 :　꽁씬느 도뗄 뿌르 오브제 프레씨유
consigne d'hôtel pour objet précieux

꼭 알아야 할 감탄사

1. 야아!, 아아! : 아—
    Ah [ɑ:] (기쁨·슬픔·놀람·고통·경멸·동정·한탄)

2. 참 멋지다! : 쎄 제니알!
    C'est génial

3. 참 사랑스럽다! : 꼼 쎄 애바블
    Comme c'est aimable!

4. 참 귀엽다! : 꼼 쎄 미뇽
    Comme c'est mignon!

5. 정말 훌륭하다! : 쎄 브레망 제니알!
    정말 굉장하다!
    굉장히 멋지다!
    C'est vraiment génial!

6. 엉터리!, 거짓말! : 망쏭쥐!
    Mensonge!

7. 좋소! 좋아! 찬성이요! : 트레비앙. 다꼬르!
    Très bien D'accord!

8. 뭣! 저런! 어머나! : 오! 띠앙! 몽 듀!
    Oh! Tiens! Mon Dieu! (놀람·분노의 소리)

9. 이런! 참! 야! 물론! : 띠앙! 에 비앙! 울랄라
    Tiens! Et bien! Oh làlà. (지루함·실망·유쾌함·놀라움)

10. 잘했다! 훌륭하다! : 쎄 비앙! 브라보!
    C'est bien! Bravo!

 하나, 둘 해외여행 프랑스어

11. 아니! 설마! : 빠 뽀시블!
    Pas possible!

12. 어머나! 저런! 앗! 야아! : 보아용! 몽듀!
    Voyons! Mon dieu! (감탄·놀람·공포·원망)

13. 아, 차가 있었으면! : 아, 씨 쟈베 윈느 봐뛰르!
    Ah, Si j'avais une voiture!

14. 음, 저, 아니 : 에 비앙
    Et bien (주저·의문 등을 나타낼 때)

15. 재미있다! : 쎄 앙떼레쌍!
    C'est intéressant!

16. 아휴! : 오, 몽듀!
    Oh! mon Dieu! (피로감·안도·기쁨·놀람·실망·당황·불쾌)

17. 와! 야! : 오, 띠앙!
    Oh! tiens!

18. 제기랄! 이크! : 메르드!
    merde!

19. 야단났다! 슬프다! 괘씸하다! : 꼼 쎄 드리스드! 쎄 네쎄스따블르!
    Comme c'est triste! C'est détestable!

20. 글쎄, 저어, 그건 그렇고, 그런데 : 에 디동
    Et, dites donc. (말을 계속하거나 용건을 꺼낼 때)

21. 아이고, 후유, 에라, 과연, 원참, 그래 : 오! 매 위!
    Oh! Mais oui! (안심·체념·양보)

22. 살았다! 아, 고마워라! : 듀, 메르씨!
    Dieu, merci!

1. **말씀하신 것을 이해를 못합니다.**

쥬 느 꽁프랑 빠
Je ne comprends pas.

2. **불어가 서투릅니다.**

쥬 빠흘르 말 레스빠뇰
Je parle mal le français.

3. **부끄러운 말이지만,**

일 레 옹띠유 드 빠흘레 메,
Il est honteux de parler mais,

4. **하고픈 말을 충분히 못합니다.**

쥬 느 뿌 빠 빠흘레 쒸피자망 드 쓰 끄 쥬 뷰 디르
Je ne peux pas parler suffisament de
ce que je veux dire.

5. **불어를 잘하려고 노력하고 있습니다.**

재 쌔 드 비앙 빠흘레
J'essaie de bien parler.

6. **뭐라구요, 다시 한번 더 말해주세요.**

빠르동, 디뜨 앙꼬르 윈느 포아 씰 부 쁠레.
Pardon, Dites encore une fois, s'il
vous plaît.

7. 대답할 바를 모르겠습니다.

쥬 느 쎄 빠 꼬망 레뽕드로
Je ne sais pas comment répondre.

8. 안타깝습니다.(답답하다)

싸 므 페 삐띠에
Ça me fait pitié.

9. 하고픈 말이 빨리 안되는군요.

쥬 느 뿌 빠 빠흘레 라삐드망 드 쓰 끄 쥬부 디르
Je ne peux pas parler rapidement de
ce que je veux dire.

10. 말문이 콱 막혀 버리네요.

오깽 모 느 므 라삘뻴
Aucun mot ne me rappelle.

11. 알겠습니다. 아, 그렇군요.

앙땅뒤. 아, 위
Entendu. Ah, oui.

12. 덕분에 또 한 가지 알았군요. (덕분에 배우는게 많군요)

쟈프랑 앙꼬르 윈느 쇼즈 그라스 아 부
J'apprends encore une chose grâce
à vous.

상 황
1

여러분 모두 타십시오!

프러네 라비용 뚜스!

Prenez l'avion tous!

기내에서 좌석을 찾으며

여행객 : 이것이 나의 좌석번호인데 좀 도와 주시겠습니까?

쎄 떵 뉘메로 드 마 쁠라스. 에데모아 씰 부 쁠레?
C'est un numéro de ma place. Aidez-moi, s'il vous plaît?

스튜어디스 : 네, 이쪽으로 오십시오. 이것이 당신 좌석입니다.

위, 브네 이씨 봘라 보트리 쁠라스
Oui, Venez ici. Voilà votre place.

여행객 : 감사합니다.

메르씨
Merci.

스튜어디스가 승객에게 할 예상되는 말

스튜어디스 : **손님 좌석은 통로에 있습니다.**

보트리 쁠라스 에 베르 르 끌로와
Votre place est vers le coulor.

스튜어디스 : **저기 창가 좌석이군요.**

보트르 쁠라스 에 베르 르 프네트르, 라
Votre place est vers le fenêtre, là.

스튜어디스 : **탑승권을 보여주십시오.**

도네 모아 보트르 까르트 당바르끄망 씰 부 쁠레
Donnez-moi votre carte d'embarqueme
nt, s'il vous plaît.

스튜어디스 : **여기 있습니다.**

보아씨
Voici.

스튜어디스 : **만일 무슨 도움이 필요하시면 이 호출 단추를
누르세요**

씨 부 쟈베 브쀼앙 드 몽 에드, 아쀠에 쒸를 쓰 부똥
Si vous avez besoin de
mon aide, appuyez sur ce bouton.

스튜어디스 : **실례합니다. 좀 지나가겠습니다.**

엑스뀌즈 모아. 레쎄 빠쎄 씰 부 쁠레
Excusez-moi. Laissez passer, s'il vous
plaît.

상 황

2

대한항공에 탑승하신 것을 환영합니다.

비앙부뉘 드 보트를 앙바르끄망 아 라비옹

Bien venue de votre embarquement à l'avion.

승객의 요구 사항

여행객 : 비행기 멀미에 먹을 약을 좀 갖다 주십시오.

메디까망 꽁트르 르 말 드 레르, 씰 부 쁠레
Médicaments contre le mal de l'air, s'il vous plaît.

여행객 : 만일 빈자리가 있다면 창쪽자리를 쓰고 싶습니다.

쥬 브드레 윈느 쁠라스 베르 르 프네트르 씰 이 아 윈느 쁠라스 비드
Je voudrais une place vers le fenêtre, s'il y a une place vide.

여행객 : 오렌지주스 좀 주시겠습니까?

쥐 도랑쥐, 씰 부 쁠레?
Jus d'orange, s'il vous plaît?

여행객 : 담요 한 장 사용했으면 합니다.

윈느 꾸베르뛰르, 씰 부 쁠레
Une couverture, s'il vous plaît.

여행객 : **신문을 보고 싶습니다.**

엉 쥬르날, 씰 부 쁠레
Un journal, s'il vous plaît.

여행객 : **토할 것 같습니다, 종이백 좀 주시겠습니까?**

제 앙비 드 보미르 싹 엉 빠삐에, 씰 부 쁠레?
J'ai envie de vomir. sac en papier, s'il
vous plaît?

스튜어디스 : **좌석 주머니에 있습니다.**

일 레 당 라 뽀쉬 드 쁠라스
Il est dans la poche de place.

여행객 : **화장실은 어디에 있습니까?**

우 에 르 까비네 드 또왈레뜨?
Oui est le cabinet de toilettes?

스튜어디스 : **곧장 앞으로 나가십시오.**

알레 뚜 드와
Allez tout droit.

3

신사 숙녀 여러분
매담 에 메슈
Mesdames et Messieurs

▶ 기내 방송을 알아듣는 요령

1 : 신사 숙녀 여러분,

매담 에 메슈
Mesdames et Messieurs.

2 : OOO항공을 이용해 주셔서 환영합니다.

메르시 뿌르 뤼띨리자씨옹 드 라비가씨옹 아에리엔
Merci pour l'utilisation de la navigation aérienne OOO.

3 : 본 OOO편 여객기는 OOO을 경유하여 OOO로 가기 위해 이제 떠나겠습니다.

라비옹 OOO 바 데꼴레 뿌르 알레 아 OOO 엉 빠쌍 빠르 OOO
L'avion OOO va décoller pour aller à OOO en passant par OOO.

4 :　좌석을 똑바로 하시고 벨트를 매어주시기 바라며 담배는 금연등이 꺼질 때까지 삼가해주시기 바랍니다. 감사합니다.

허드레쎄 보 포떠이 에 아따쉐 보 쌩뛰르, 에 뗀테 보 씨가레뜨 쥐스까스끄 라 람쁘 쎄뗀느

Rederessez vos fauteuils et attachez vos ceintures, eteignez vos cigarettes jusqu'à ce que la lampe s'eteigne.

S'il vous plaît	씰 부 쁠레	부디, 제발 ~십시오.
Laisse ta place	레쓰 따 쁠라스	너의 자리를 ~한 상태로하라
Bienvunue	비앙브뉘	환영하다.
En prenant l'avion	엉 프러낭 라비옹	비행기를 타고,
redressé	러드레쎄	똑바로선, 고추선, 똑바른
place	쁠라스	위치
en avion	엉 아비옹	비행편
attacher	아따쉐	매다
ceinture	쌩뛰르	안전벨트
va décoller	바 데꼴레	이제 떠난다.
défendre à	데방드르 아	~을 금하다.
action de fumer	악씨옹 드 퓌메	흡연
jusqu'à	쥐스까	까지
lampe de fumer	랑쁘 드 퓌메	금연등
s'atteindre	싸뗑드르	꺼지다
pour ~	뿌르	향하여, ~에 가려고
en passant par~	엉 빠쌍 빠르	~을 경유하여
atteindre	아뗑드르	끄다
allumer	알뤼메	켜다.

이 통과카드는 갖고 계셔야 합니다.

부 드베 아보아 쎄뜨 까르뜨 드 트랑짓

Vous devez avoir cette carte de transit.

경유지에서 잠시 내려서

스튜어디스 : 이 통과카드를 갖고 계십시오.

가르데 쎄뜨 까르트 드 트랑짓
Gardez cette carte de transit.

여행객 : 이 길로 가면 대합실이 나옵니까?

라 쌀 다땅뜨 에 빠르 라?
La salle d'attente est par là?

다른여행객 : 네, 그렇습니다.

위
Oui.

저도 같은 방향입니다.

부 쟈베 라 멤 디렉씨옹 끄 모아
Vous avez la même direction que moi.

스튜어디스 : 통과여행객이신가요?

부 제뜨 빠사제 엉 트랑짓?
Vous êtes passager en transit?

여행객 : 네, 그렇습니다.

위
Oui.

여기 있습니다.

뜨네
tenez.

정시에 떠납니까?

부 빠르떼 알 러르?
Vous partez à l'heure?

스튜어디스 : 네, 그렇습니다.

누 레뀌뻬롱 보 까르뜨 드 트랑짓 깡 부 허프러네 라비옹
Nous récupérons vos cartes de transit quand vous reprenez l'avion.

주의 : 경유지에서 잠시 내릴 때 주었던 추랜싯 카드(통과카드)는 다시 탈 때 회수합니다.

상 황
5

어느 비행기로 갈아탑니까?

도와 주 샹제 드 껠 아비옹?
Dois-je changer de quelle avion?

▶ 갈아탈 비행기편의 확인

여행객 :

나는 통과여객입니다.

쥬 쒸 빠싸제 엉 트랑짓
Je suis passager en transit.

비행기를 갈아타야 합니다.

쥬 도와 샹제 다비옹
Je dois changer d'avion.

탈 비행기편의 확인은 어디에서 합니까?

우 쥬 도와 꽁피르메 라비옹 아 프랑드르?
Où je dois confirmer l'avion à prendre?

항공사직원 : **이층으로 올라가십시오.**

몽떼 오 프리미에 에따쥐
montez au premier étage.

여행객 : **갈아타는 비행기는 어디에서 탑니까?**

우 쥬 도와 샹제 다비옹?
Où je dois changer d'avion?

직원 : **10번 게이트입니다.**

뽀르뜨 뉘메로 디스
Porte Numéro 10.

여행객 : **몇 시에 떠납니까?**

아 껠 러르 빠르띨?
A quelle heure part-il?

직원 : **2시 30분에 떠납니다.**

일 빠르 아 듀 져르 트랑뜨
Il part à 2h 30.

중국 CHINA

- 면　　적 : 960만 km²
- 종　　교 : 불교, 유교, 도교
- 종　　족 : 한족 93.3%와 55개 소수민족의 복합민족
- 국　　화 : 모란(the tree peony)
- 상징적 동물 : 팬더(panda)(티베트·중국 남부산 흑백곰의 일종)
- 국 민 성 : 매우 조심스럽고 체면을 중시하고, 실리를 중시한다. 원칙의 범위내에서 융통성이 많다.
- 기　　후 : 3월부터 5월까지가 봄이며 날씨는 따뜻하지만 바람이 자주 불고 황사가 심한편이다. 여름은 대륙성 고온이고 또 남부지방은 열대성 고온으로 밤이나 낮이나 견디기 힘들다. 가을 날씨는 전국이 고루 쾌적하여 우리나라와 비슷하지만 동북부 지방은 10월중순만 되면 우리나라의 겨울 날씨와 같다.

■ 꼽히는 관광명소

6월말부터 8월중순이 백두산 관광 시기이다. 천단과 북경 근교에 있는 만리장성과 이화원 명십삼릉 그리고 북경시내에 있는 천안문, 자금성 등이다.

오스트레일리아 Australia

- 면　　　적 : 768만 2천 km²
- 종　　　교 : 기독교
- 상징적 동물 : koala (코우알러), kangaroo (캥거루—)
- 인기스포츠 : rugby(럭비), cricket(크리킷)
- 국 민 성 : 보수적 성향이 강하다. 여성의 사회적 활동이
　　　　　　 활발하다.
- 기　　　후 : 서부지역의 40%와 북부지역의 80%가 열대성
　　　　　　 이지만 그외는 온대성기후이다.
　　　　　　 오스트레일리아 동해안의 항구도시로 뉴 싸우
　　　　　　 스 웨일즈(New South Wales)주의 수도인 시
　　　　　　 드니(Sydney)지역은 평균 22℃~11℃로 사철
　　　　　　 온화한 기후이다. 강우량은 1200mm 내외이
　　　　　　 디.

■ 꼽히는 관광명소

Blue Mountains	블루 마운튼즈	블루산맥
Botanical Garden	버태니컬 가든	식물원
Harbor Bridge	하어버 부리지	하어버 다리
Hawksbury River	혹크스베리 리버	혹크스베리 강
Opera House	아퍼러 하우스	가극장
Palm Beach	팜 비치	팜해변 관광지
Taronga Park Zoo	타론가 파크 쥬	타론가동물원

THE UNITED KINGDOM of GREAT BRITAIN and NORTHERN IRELAND

- 면　　　적 : 24만 4천 km²
- 종　　　교 : 영국성공회 50%, 카톨릭 11%
- 국　　　화 : 장미
- 상징적 동물 : 사자, 여우, 배져(badger 오소리)
- 인기스포츠 : rugby(럭비), cricket(크리킷)
- 기　　　후 : 해양성 기후로 밤과 낮, 여름과 겨울의 기온 차가 적으며 흐리기 쉽고 비가 많은 편이다. 체감온도는 상당히 낮아서 여행객은 코트 등을 준비해 가야한다.

■ 꼽히는 관광명소

Tower of London/Tower Bridge　타워 부리지

Buckingum Palace　버킹엄 팰리스　　　버킹엄 궁전

Parliament/Whitehall　와잇트 홀　　　영국관청 소재지역

Westminster Abbey　웨스트민스터 애비　웨스트민스터 성당

St Paul's Cathedral　세인 폴즈 커스드럴　성바울 대성당

Hyde Park　하이드 팍　　　　　　　런던의 공원

British Museum　부리티쉬 뮤지엄　　대영박물관

Piccadilly Circus　피커딜리 써커스　　런던번화가의 중심광장

Stratford-on-Avon　스트렛퍼드 온 에이번(영국 중부지방의 도시로 Shakespeare의 출생지이다).

프랑스 THE FRENCH REPUBLIC

- 면　　적 : 54만 7천 km²
- 종　　교 : 천주교 91%, 회교, 개신교, 유태교
- 국　　화 : 백합
- 상징적 동물 : 닭
- 인기스포츠 : 축구, 럭비, 테니스
- 기　　후 : 대부분이 온대지역이지만 지역적으로 차이가
　　　　　 있다. 연 평균기온은 11℃~12℃. 12월에서 2
　　　　　 월중이 가장 낮고 7~8월이 가장 높다.
　　　　　 고산악성 기후, 대서양성 기후, 지중해성 기후
　　　　　 그리고 대륙성 기후까지 고루 나타낸다.

■ 꼽히는 관광명소

개선문, 에펠탑, 노트르담 대성당, 엘리제궁, 루브르박물관,
바시티유 광장, 앵발리드, 오페라좌, 콩코르드 광장,
몽마르트르 언덕, 19세기 박물관, 시청, 경시청, 샤이오궁,
미결수감옥과 부속 성당, 지하무덤(카다콩부),
나르강변의 고성채, 베르사이유 궁전, 샹티이성,
퐁텐불로성, 노르망디 상륙작전지역

스위스 THE SWISS CONFEDERATION

- 면　　　　적 : 4만 1300km²
- 종　　　　교 : 카톨릭, 신교
- 국　　　　화 : 에델바이스
- 상징적 동물 : 사슴
- 인기스포츠 : 아이스하키, 스키, 승마, 수중잠수, 테니스
- 기　　　　후 : 좁은 국토에 서쪽의 대양성기후와 동쪽의 대륙성기후의 영향을 받아 지역별 기후의 차이가 있으며 경치 또한 여러 모양을 보인다.
- 언　　　　어 : 독일어, 불어, 이태리어, 로만쉬어, 기타
- 예　　　　절 : 식사후 코푸는 것은 실례가 아니지만 식사중 소리를 내면 실례가 된다.
- 특　　　　징 : 우리나라처럼 사계절이 있으나 여름은 우리나라보다 덜 덥고 겨울은 우리나라보다 덜 추운 것이 특징이다.

◼ 꼽히는 관광명소

몽블랑, 융프라우, 마터호른의 알프스 3대 관광지.
그외 리틀리스, 리기산, 필라투스, 샌티스산 등의 알프스 관광지. 츄리히호, 레만호, 보덴호수, 루쨀른호 등은 호수관광지이며 아파마레온천, 라인강폭포, 루가노휴양지, 쮸어짜아온천 등이 있다.

THE UNITED STATES of AMERICA

미 국

- 면　　　적 : 937만 km²
- 종　　　교 : 신교, 카톨릭교
- 국　　　화 : 각주별로 다름
- 국　　　기 : 독수리표가 미국의 국장
- 인기스포츠 : 미식축구, 야구, 농구 등
- 기　　　후 : 열대에서 한대까지 고루 걸쳐있다.
　　　　　　　북부는 냉대에 속하여 겨울에는 눈바람이 휘몰아치는 한파가 온다. 서경 100°를 경계로 하여 서쪽지방은 건조지대이다. 태평양 연안지역은 온화한 기후가 이어지지만 멕시코만, 대서양쪽의 중남부지방은 돌풍이나 허리케인 발생이 잦다.

■ 꼽히는 관광명소

워싱턴 지역 : 백악관, 국회의사당, 알링턴 국립묘지, 워싱턴 마뉴먼트, 제퍼슨기념관, 스미소니언 박물관

뉴욕 지역 : 엠파이어스때이트, 월드추레이드센터, 자유의 여신상, 그린위치빌리지, UN본부, 웨스트포인트, 링컨쎈터, 성패추릭성당, 록펠러쎈터

필라델피아 지역 : 자유의 종, 독립기념관

플로리다 지역 : 디즈니월드, 케네디스페이스센터

오대호 지역 : 나이아가라 폭포

시카고 지역 : 시어타워

캐나다 CANADA

- 면　　　적 : 992만 2천 km²
- 종　　　교 : 카톨릭교, 신교
- 국　　　화 : 단풍나무잎
- 상징적 동물 : 비―버(beaver 해리)

  설치류에 딸린 포유동물. 북부의 기온이 찬 지방에 사는 영리하고 헤엄도 잘 치는 동물이며 몸 크기는 80cm가량. 털가죽은 값이 비쌈.

- 인기스포츠 : 아이스 하키
- 기　　　후 : 북반구에 있어서 추울때는 기온이 ―20℃이하로 떨어진다.

  터란토를 중심으로 북쪽으로 올라갈수록 춥고 겨울이 길어진다 (11월에서 다음해 3월까지). 벤쿠버 중심의 서부연안지역은 태평양 난류의 영향을 받아 여름은 신선하고 건조하지만 겨울에는 영상 약10℃의 온화하고 습한 날씨가 이어진다.

■ 꼽히는 관광명소

나이가라폭포(터란토에서 약 150km 지점)

카사노바 궁전, 뱀프(Banff) 국립공원

CN타워(세계에서 제일 높은 타워)

사우디아리비아

KINGDOM of SAUDI ARABIA

- 면　　적 : 214만 9,690km²
- 종　　교 : 이슬람교
- 국　　화 : 대추야자수(dates tree)
- 상징적 동물 : 낙타
- 인기스포츠 : 축구
- 기　　후 : 서부지역은 홍해를 동부지역은 걸프만을 끼고 있어서 여름철인 4~10월 기간은 대개 42℃ 정도이며 11~3월 동안은 25~30℃ 수준이다. 수도 리야드를 중심으로 중부지방은 사막성기후의 영향으로 4~10월 동안 여름철은 50℃ 까지 기온이 오르고 겨울철인 11~3월 동안은 서늘하고 밤에는 영하로 뚝 떨어지기도 한다.
- 특　　징 : 일콜 성분의 초코렛파 노출이 심한 여사사신 등이 게재된 물건이나 카타로그 등은 통관시 압수처분된다.
  이슬람 율법상 술과 여자는 절대 금기 사항이다.

■ 꼽히는 관광명소

메커(Mecca=Mekka 이슬람교의 성도)

미디너(Medina Mohammed의 묘가 있음)

홍해 연안의 수상스포츠로 윈드서핑, 요트, 스쿠버다이빙 등이 있다.

입국 절차

입국절차는 검역에 이어 여권·입국신고서를 내고 심사를 받은 뒤 위탁수하물 찾는 곳(livraisor des bagages)에 가서 짐을 찾아 여권·세관신고서를 제시하면서 세관에서 통관절차를 밟습니다. 대체로 개인용품 외에 담배는 2보루, 와인은 2리터 정도가 면세 통관됩니다.

여행지 이민국 직원과 인터뷰를 해야 되는데 심사관은 여행자에게 체류기간을 정해 출입국카드의 반쪽을 잘라 여권에 첨부하고 나머지 반쪽은 입국심사관이 접수합니다.

이민국 직원이 묻는 것은
(1) 여권을 보여 주시겠습니까?
(2) 방문 목적은 무엇입니까?
(3) 얼마동안 머무르실 계획이십니까?
(4) 돌아갈 항공권을 갖고 계십니까?
(5) 입국카드를 보여주시겠습니까?

입국 심사관

꽁트롤러
contrôleur

세관원

두와니에
douanier

여권

빠스뽀르
passeport

입국카드

까르뜨 당바르끄망
carte d'embarquement

~을 보여주시겠습니까?

뿌리에 부 므 몽트레~?
Pourriez-vous me montrer~?

~의 목적

르 뷔뜨 드~
le but de~

얼마동안 ~할 예정입니까?

꽁비앙 드 쥬르 부 퍼레~
Combien de jours vous ferez~?

상 황 6

여권을 보여주시겠습니까?

메도네 모아 보트르 빠스뽀르?

Donnez-moi votre passeport?

⟶ 입 국 심 사

입국심사관: **여권을 보여주시겠습니까?**

도네 모아 보트르 빠스뽀르?
Donnez-moi votre passeport?

여행객: **여기 있습니다.**

뜨네
tenez.

입국심사관: **입국카드를 보여주시겠습니까?**

도네 모아 보트르 까르뜨 당트레?
Donnez-moi votre carte d'entrée?

여행객: **여기 있습니다.**

뜨네.
tenez.

입국심사관 : 방문 목적은 무엇입니까?

껠 에 르 모피프 드 보트로 바야쥐?
Quel est le motif de votre voyage?

여행객 : 관광입니다(사업입니다).

쥬 비앙 뿌르 뚜리즘(아페르)
Je viens pour tourisme(affaires).

입국심사관 : 돌아가실 항공권은 있습니까?

부 자베 엉 알레 러뜨르?
Vous avez un aller-retour?

여행객 : 네, 있습니다.

위.
Oui.

입국심사관 : 얼마동안 머무르실 계획이신가요?

꽁비앙 드 땅 레스떠 부?
Combien de temps restez-vous?

여행객 : 10일 동안입니다.

디 쥬르
10 jours.

상 황

7

아니오. 신고할 것이 없습니다.

농. 쥬 네 리앙 아 데끌라라레

Non. Je n'ai rien à déclarer.

▶ 세관원과의 대화

세관원: 신고하실 물건이 있습니까?

까베 부 아 데끌라라레?
Qu'avez-vous à déclarer?

여행객: 아니오. 신고할 것이 없습니다.

농. 쥬 네 리앙 아 데끌라라레
Non. Je n'ai rien à déclarer.

세관원: 가방 좀 열어보실까요?

우브레 보뜨르 바가쥐 씰 부 쁠레?
Ouvrez votre bagage, s'il vous plaît?

여행객: 네, 그러죠.

비앙 쉬르
Bien sûr.

세관원 :　담배나 술·향수를 갖고 계십니까?

아베 부 르 따바, 랄꼬올, 르 빠르펭?
Avez-vous le tabac, l'alcool, le parfum?

여행객 :　네, 이것들은 제 개인물품입니다.

위. 써 쏭 메 쟈페르
Oui. Ce sont mes affaires.

세관원 :　이것은 무엇입니까?

께스끄 세?
Qu'est-ce que c'est?

여행객 :　친척에게 줄 선물입니다.

쎄 떵 까도 뿌르 엉 빠렁
C'est un cadeau pour un parent.

세관원 :　감사합니다. 즐거운 여행 되십시오.

메르시. 봉 바야쥐
Merci. Bon voyage.

# 입국신고서 · 세관신고서

입국신고서나 세관신고서 등에는 사실대로 써 넣어야 합니다. 사실과 다를 때에는 뜻밖의 곤경을 겪을 수도 있습니다. 공항에는 보세창고 역할을 하는 수하물 보관소(consigne)가 있습니다. 전혀 쓸 일이 없거나 통관이 어려운 물건은 이곳에 맡겨 두었다가 출국할 때 찾으면 편리합니다.

이 때 반드시 보관증을 받아두었다가 공항에 도착해서 수하물을 찾을 때는 항공편 번호를 기억해 두었다가 그 번호가 표시된 수하물 찾는 곳에 가서 찾습니다.

여행객 : 이것이 나의 세관신고서입니다.

쎄 마 데끌라라씨옹 아 라 두완
C'est ma déclaration à la douane.

수하물 보세창고에 맡겨주십시오.

가르데 아 라 꽁씬느
Gardez à la consigne.

보관증을 주시겠습니까?

도네 모아 레쎄삐쎄 덩 데보
Donnez-moi un récépissé d'un dépôt

입국신고서

데끌라라씨옹 당트레
déclaration d'entrée

세관신고서

데끌라라씨옹 아 라 두완
déclaration à la douane

보세창고

꽁씬느
consigne

통관수속

포르마리떼 드 두완
formalité de douane

통관신고서

데끌라라씨옹 아 라 두완
déclaration à la douane

수하물 찾는 곳

꽁씬느
consigne

수하물표

레쎄삐쎄 덩 데보
récépissé d'un dépôt

환 전

프랑스의 화폐 단위

프랑스의 화폐단위로는 프랑(franc)과 상팀(centime)이 있다. 1프랑은 100상팀에 해당한다. 프랑스와 이웃하고 있는 벨기에도 화폐단위가 프랑인데 그것과 구별하기 위해 환전소에서는 보통 French Franc(프랑스프랑: FF)으로 표기한다.

프랑스의 지폐와 주화

20프랑, 50프랑, 100프랑, 200프랑, 500프랑 등 5종류가 있다. 최근들어 50프랑과 100프랑 그리고 200프랑과 500프랑은 새로운 디자인의 지폐가 나와 통용되고 있다. 프랑스의 기존 지폐들은 크기가 너무 큰 단점이 있었다. 그러나 새로 나온 지폐들은 예전의 것들에 비해 색도 화려하고 크기가 작아져서 웬만한 지갑에 알맞게 들어간다. 주의할 점이 하나 있다. 우리나라는 새 돈이 나와도 오랜 기간동안 쓸 수 있다. 상점은 물론 아무 은행에 가더라도 환전이 가능하다. 그러나 프랑스는 몇 달 간의 유효기간만 허락하고 그 이후는 중앙은행에서만 새돈으로 바꿀 수 있다. 5상팀, 10상팀, 20상팀, 50상팀(1/2프랑), 1프랑, 2프랑, 5프랑, 10프랑, 20프랑 등 9종류가 있다. 이들 주화에서 특히 지니고 다녀야 할 것은 2프랑짜리와 10프랑짜리이다. 2프랑짜리는 거리나 공공장소의 공중화장실을 쓸 때 반드시 필요하며 10프랑짜리는 거리에 주차할 때 주차표를 끊는데 긴요하게 쓰이기 때문이다.

상 황

실례지만 환전소가 어디에 있습니까?

우 스 트르브 르 뷔로 드 샹쥐 씰 부 쁠레?

Où se trouve le bureau de change, s'il vous plaît?

환전소에서 (1)

환전소 - 뷔로 드 샹쥐
bureau de change

환전소 : **도와드릴까요?**

께스끄 부 불레?
Qu'est ce que vous voulez?

여행객 : **환전해 주세요.**

뿌베 부 므 샹제 쎄 다르쟝
Pouvez-vous me changer cet argent.

환전소 : **어떻게 바꿔드릴까요?**

꼬망 쥬 뿌 샹제?
Comment je peux changer?

여행객 : **잔돈으로 부탁합니다.**

삐 주 아보아 드 라 모네
Puis-je avoir de la monnaie.

상 황

한화를 프랑으로 환전하고 싶습니다.

쥬 브드레 샹제 원 엉 프랑
Je voudrais changer Won en Francs.

환전소에서 (2)

여행객 : 200프랑을 환전해 주세요.

샹제 셋 따르장 씰 부 쁠레
Changez cet argent, s'il vous plaît.

환전소 : 어떻게 바꿔드릴까요?

꼬망 쥬 뿌 샹제?
Comment je peux changer?

여행객 : 100프랑짜리 5장하고 10프랑짜리 5개로 부탁합니다.

쌩끄 비이에 드 쌍 프랑 에 쌩끄 모네 드 디 프랑, 씰 부쁠레
cinq billets de cent francs et cinq monnaies de dix francs s'il vous plaît.

환전소 : 싸인해 주십시오.

씬네
Signez.

공항에서 시내로

표지판을 따라 도착장으로

12시간의 긴긴 비행이 끝나고 해가 서쪽으로 넘어갈 즈음이면 샤를르 드골 공항 2청사 A홀에 도착(Arrive 혹은 Sortie) 혹은 짐(Baggage)이라고 적힌 푯말을 보고 따라간다. 대열이 끝나는 즈음에 입국 심사대가 있다.

입국수속

프랑스의 입국 수속은 너무나 간단해서 시시할 정도다. 대부분은 여권과 얼굴만 대조해 보고 아무것도 묻지 않고 그냥 보내 준다. 여권을 내밀면서 간단하게 인사 정도는 하자. "봉주르(Bonjour!)"하고. 가끔 질문을 하기도 하는데 불어에 자신이 있다면 대답을 하고 아니면 그냥 멀뚱멀뚱 보고 있어도 별탈없이 입국 심사대를 통과할 수 있다.

짐은 어디서?

여권을 돌려 받으면 '바가쥬(Baggage)'라고 적힌 푯말을 따라 짐을 찾으러 간다. 회전 벨트위의 사인 보드에 자신이 타고 온 비행기의 편명과 출발지가 서울(Seoul)이라고 되어 있는지 확인한다.

기본상식

짐을 끌고 신고할 물건이 없다면 녹색 심사대를 통과해 나오면 된다. (만일 있다면 붉은 색으로). 담배는 2보루, 와인은 2리터, 돈은 현금과 수표를 포함하여 5만 프랑까지 면세된다.

환승 및 예약 재확인

만일 파리에서 바로 다른 도시로 가고자 한다면 비행기에서 내려 환승(Transit/Correspondance)표시를 따라 자신의 목적지행 비행기를 타러 간다. 환승 구역에 가면 모니터에 갈아탈 비행기의 게이트 번호가 표시되어 있으므로 안내판을 따라 찾아가면 된다.

공항에서 시내로(Air France Limousine)

문을 나선 곳은 공항 1층의 도착장이다. 짐이 많은 편이면 택시를 타고 그렇지 않다면 버스나 지하철을 이용하자.

1. 택시로 시내까지

짐이 많다면 주저 없이 택시를 타자. 초행길에 익숙치도 않은 버스나 지하철을 타면 무거운 짐 때문에 고생만 하게 된다. 공항에는 말이 안 통하는 사람들을 위해 수만은 안내 표시판이 있다. 거기서 택시(불어로 Taxi, 발음은 딱시) 표지판을 찾아 화살표 방향대로 따라 가면 택시 정류장이 나온다.

혹은 공항 직원에게 "우 에스끄 즈 쁘프랑드로 르 딱시 (Où est-ce que je peux prendre le taxi?)" 혹은 간단하게 "우 에 르 딱시(Où est le taxi?)"하고 물어 보면 가르쳐 준다. 택시 기사에게 주소를 주면 정확하게 목적지까지 데려다 준다.

2. 버스로 시내까지

둘이서 가볍게 들고 차에 오를 정도의 짐이라면 버스나 지하철을 타도 된다. 버스는 에어프랑스의 리무진 버스가 오전 6시 15분부터 오후 9시까지 매 15-20분마다 포르트 마이요와 몽파르나스 역까지 운행한다.

오페라까지 가는 노선(ROISSYBus)도 있고 또 파리 시티 버스(RATP)351번이 매 20분마다 샤를르 드골 공항과 파리 동쪽의 나씨옹 광장(Place de la Nation)까지, 350번이 동역(Gare de l' Est)까지 운행한다.

3. 지하철로 시내까지

지하철을 타려면 공항 내의 셔틀 버스를 타고 도시 고속 철도(RER)역까지 간다. 공항에서 파리 시내까지 요금은 1인당 42프랑. 프랑스 바캉스 패스를 갖고 왔다면 패스를 보여주고 공짜로 티켓을 받을 수 있다. 이때 반드시 왕복 티켓을 달라고 한다. 나중에 시내에서 공항으로 갈 때도 패스를 보여주면 티켓을 주는데 이 티켓을 받을 수 있는 곳은 북역 같은 큰 기차역의 지하철역.

따라서 호텔에서 기차역의 지하철 역까지 가서 거기서 다시 받는 불편함이 있으니 미리 챙겨 두도록. 왕복 티켓은 '알레 허뚜르(Aller-retour)'. 티켓을 사야 할 경우에는 창구에

서 "드 뻬(르)손 뿌르 파리(Deux personnes pour Paris, 공항은 파리 근교에 있으므로 파리로 가는 두 사람 표라는 뜻이다)"라고 하면 티켓을 두 장 준다. 이때 지하철 노선도도 달라고 하자. 지하철 노선도는 '쁠랑 드 메트로(Plan de metro)'이다.

티켓을 샀으면 지하철 타는 입구로 간다. 도시고속 철도 B선 북역(갸르 뒤 노르, Gare du Nord)방향으로 간다.

타는 방법은 우리 나라와 같다. 표를 티켓 투입구에 넣고 들어간 다음 출구로 나온 티켓을 챙겨든다. 플랫폼에 서 있다면 고개를 들어 안내판을 쳐다보자. 플랫폼에는 노선에 나타난 역이 표시된 안내판이 천장에 매달려 있는데 각 역 앞에는 빨간 램프가 있다. 자신이 갈아 타야할 역 앞의 램프에 불이 들어와 있다면 그 전철을 타도 되지만 그렇지 않다면 불이 켜지는 전철이 올때까지 기다렸다가 탄다.

상 황

오늘밤 투숙할 더블룸을 예약하고 싶은데요.
이용할 수 있는 방이 있습니까?

쥬 브드레 레제르베 윈느 샹브를 아베끄
두 에스 낄 이 엉 아?

10

Je voudrais réserver une chambre avec deux lits. Est-ce qu'il y en a?

▶ 전화로 호텔예약 (1)

호텔예약부 : **예약부입니다. 도와드릴까요?**

쎄르비스 드 레제르바씨옹. 께스끄 부 블레?
Service de réservation. Qu'est-ce que vous voulez?

여행지 공항에 도착하여 모든 입국절차를 마치고 출구를 통하여
로비에 나온 여행객은 그곳에 있는 환전소에서 우선 현지통화의
환전이 필요합니다. 로비에는 환전소 뿐만 아니라, 호텔 예약카운
터, 관광안내소 그리고 랜트카 카운터가 있습니다.

여행객 : 네, 한국에서 온 관광객입니다.
오늘밤 묵을 전망이 좋은 방을 예약하고 싶습니다.
쓸 방이 있습니까?

Je suis touriste venant de la Corée.
Je voudrais réserver une chambre
avec bonne vne. Vous en avez une?

호텔예약부 : 네, 있습니다.
당장 쓰실 것이 있습니다.
성함을 불러주실까요?

Oul.
J'en ai une.
Pourriez-vous appeler votre nom?

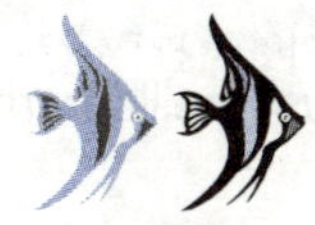

호텔예약부 : **호텔 예약부입니다. 도와드릴까요?**

쎄르비스 드 레제르바씨옹 께스끄 부 블레?
Service de réservation. Qu'est-ce que vous voulez?

여행객 : **방을 예약하고 싶습니다.**
방 요금이 얼마입니까?

쥬 브드레 레제르베 왼느 샹브르
꽁비앙 싸 꾸드?
Je voudrais réserver une chambre.
Combien ça coûte?

예약부 : **하룻밤에 300프랑입니다.**

싸 꾸뜨 트와쌍 프랑 빠르 쥬르
Ça coûte trois cents francs par jour.

여행객 : **싼 것들도 있습니까?**

아베 부 메이어르 마르쉐?
Avez-vous meilleur marché?

예약부 :　네, 있습니다.
일박에 200프랑짜리도 있습니다.

위

Oui.
J'en ai une qui coûte deux cents par
jour.

여행객 :　그것으로 하겠습니다.
나의 이름은 김인호입니다.

쥬 라 프랑
쥬 마뻴 김인호
　　　Je la prends.
Je m'appelle Kim In-Ho.

여행객 : 　그 호텔까지 무얼타고 가지요?

께스끄 쥬 뿌 프랑드르 뿌르 알레 아 쎄또뗄?
Qu'est-ce que je peux prendre pour
aller à cet hôtel?

예약부 : 　서틀버스를 타시면 여기에 오실 수 있습니다.

부 뿌메 프랑드르 르 뷔스 아 나베뜨
Vous pouvez prendre le bus à navette.

여행객 : 　얼마나 자주 운행합니까?

꽁비앙 드 푸아 일 씨르뀔?
Combien de fois il circule?

예약부 : 　십분마다 출발합니다.

일 빠르 샤끄 디 미뉘뜨
Il part chaque 10 minutes.

 하나, 둘 해외여행 프랑스어

여행객 : **실례지만 셔틀버스는 어디에서 탑니까?**

뽀제 윈느 께스띠옹 아 엉 빠쌍
빠르도네 모아 메 부 꼬네쎄 우 에 라 쓰따씨옹 뒤 뷔
스 아 나베뜨?
Poser une question à un passant.
Pardonnez-moi, mais vous connaissez
où est la station du bus à navette?

보행인 : **저기에 큰 푯말이 보이십니까?**

부 보아에 엉 그랑 뽀또, 라?
Vous voyez un grand poteau, là?

여행객 : **네, 보입니다.**

위, 쥬 브와
Oui, je vois.

폐를 끼쳐서 미안합니다.

빠르동 드 부 재네
Pardon de vous gêner.

보행인 : **괜찮습니다.**

싸바
Ça va.

상 황 **11**

몽마르트르까지 갑시다.

알롱 아 몽마르트르

Allons à Montmartre.

━━━━━━━━━━━━━━━━━━━▶ 택시 기사에게

여행객 : 실례입니다만 가장 가까운 택시 승차장이
어디에 있습니까?

우 에 라 쓰따씨옹 드 딱씨 라 쁠뤼 프로쉬?
Où est la station de taxi la plus proche?

보행인 : 너무 지나쳐 오셨군요.

부 쟈베 데빠쎄
Vous avez dépassé.

조금만 오던 길로 돌아가십시오.

러뚜르네 엉 쁘띠 쁘
Retournez un petit peu.

여행객 : **감사합니다.**

메르씨
Merci.

여행객 : **여기가 택시 타는 곳입니까?**

쥬 쁘 프랑드르 라 딱씨 이씨?
Je peux prendre la taxi, ici?

택시기사 : **네, 타십시오. 손님**

위, 프러네
Oui, prenez.

어디로 모실까요?

우 알레 부?
Où allez-vous?

여행객 : **몽마르트르까지 가주세요.**

알롱 아 몽마르트르, 씰 부 쁠레
Allons à Montmartre, s'il vous plaît.

택시기사 : **알겠습니다.**

앙땅뒤
Entendu.

상황 12

여기가 어디쯤 되는지 모르겠네.

쥬 느 쎄 빠 우 쥬 쒸

Je ne sais pas où je suis.

길을 잃었을 때

여행객 : 실례입니다만 저는 여기가 초행인데 길을 잃었습니다. 여기가 어디쯤 됩니까?

빠르동. 쎄 떵 프리미에 바야쥐 에 쥬 쒸 빼르뒤, 우 쥬 쒸?

Pardon. C'est un premier voyage et je suis perdu. Où je suis?

경찰관 : 여기 지도가 있습니다. 계신 곳이 바로 여기입니다.

러갸르데 쓰 쁠랑 부 제뜨 이씨

Regardez ce plan. Vous êtes ici.

여행객 : 이제 대강 알겠습니다.

쥬 꽁프랑 엉 뿌

Je comprends un peu.

경찰관 : **어디로 가길 바라십니까?**

우 불레 부 알레?
Où voulez-vous aller?

여행객 : **몽마르트르에 가려구요.**

쥬 부드레 알레 아 몽마르트르
Je voudrais aller à Montmartre.

경찰관 : **길을 잘못 드셨습니다.**
이 길로 가시면 반대방향으로 가시는 겁니다.

부 프러네 라 모베즈 디렉씨옹
부 쟈베 마르쉐 엉 쌍스 엥베르스
Vous prenez la mauvaise direction.
Vous avez marché en sens inverse.

오던 길로 2,3분만 걸어가십시오.

러뚜르네 두 우 트와 미뒤뜨
Retournez deux ou trois minutes.

김인수란 이름으로 예약을 하고 왔습니다.

재 레제르베 오 농 드 김인수

J'ai réservé au nom de Kim In-Soo.

숙박절차를 밟을 때

레쎕떠 도뗄
récepteur d'hôtel
호텔접수계원 : **도와드릴까요?**

부 블레 몽 에드?
Vous voulez mon aide?

여행객 : **김인수란 이름으로 예약했었습니다.**

재 레제르베 오 농 드 김인수
J'ai réservé au nom de Kim In-Soo.

호텔접수계원 : **아, 네 숙박신고서에 기록하십시오.**

아, 앙레지스트레 아 라 데끌라라씨옹 드 쎄쥬르
Ah, enregistrez à la déclaration de séjour.

여행객 : **호텔 요금이 얼마입니까?**

쎄 꽁비앙?
C'est combien?

호텔접수계원 : 하룻밤에 200 프랑입니다.

싸 꾸뜨 두쌍 프랑 빠르 쥬르
Ça coûte deux cents francs par jour.

여행객 : 여기 있습니다.

뜨네
Tenez.

호텔접수계원 : 505 호실입니다.

르 뉘메로 드 쌀 에 쌩 쌍 쌩끄
Le numéro de salle est cinq cents cinq.

벨 보이가 방으로 안내해 드립니다.

르 쎄르버르 부 꽁뒤
Le serveur vous conduit.

상 황

내일 아침 7시에 두 사람이 할 식사를 주문하고 싶습니다.

페뜨 모아 르 쁘띠 데쥬네 뿌르 두 아 쎄 떠르

14

Faites-moi le petit déjeuner pour deux à sept heures.

➤ 방에서 식사를 주문할 때

serveur :
쎄르버르

도와드릴까요. 손님?

부 블레 몽 에드, 뮤슈?
Vous voulez mon aide, Monsieur?

여행객 :

내일 아침 7시에 두 사람이 할 식사를 주문하고 싶습니다.

페뜨 모아 르 쁘띠 데쥬네 뿌르 두 아 쎄떠르
Faites-moi le petit déjeuner pour deux à sept heures.

serveur : 무얼 드시겠습니까?

Qu'est-ce que vous voulez?

여행객 : 반숙계란과 베이컨, 도마도주스 버터 바른 빵과 커피면 되겠습니다.

Un auf à la coque, un lard, un jus de tomate, pain en beurre et un café, s'il vous plaît.

serveur : 잘 알았습니다. 손님

Bien entendu, Monsieur.

상 황

7시에 두 사람이 식사할 테이블을
예약하고 싶습니다.

15

쥬 브드레 레제르베 윈느 따블르 뿌르 두 아 쎄 떠르
Je voudrais réserver une table
pour deux à sept heures.

⋯⋯⋯▶ 시내식당에서 식사하고 싶을 때

식당접수원 : 쁘띠 레옹 레스토랑입니다. 도와 드릴까요?

레스또랑 쁘띠 레옹, 부 블레 몽 에드?
Restaurant Petit Léon, Vous voulez
mon aide?

여행객 : 네. 7시에 두 사람이 식사할 테이블을 예약하고
싶습니다.

위. 쥬 브드레 레제르베 윈느 쁠라스 뿌르 두 아 쎄떠르
Oui. Je voudrais réserver une place
pour deux à sept heures.

식당접수원 : 성함을 대주십시오.

껠 에 보트르 농
Quel est votre nom.

| 여행객 : | 김인호입니다. |

인호 김
In-ho Kim

| 식당접수원 : | 7시에 2인용 테이블 미스터 김? |

윈느 쁠라스 뿌르 두 아 쎄떠르, 뮤슈 김?
Une place pour deux à sept heures,
Monsieur, Kim?

| 여행객 : | 그렇소 |

위
Oui.

| 식당접수원 : | 감사합니다. 그때 뵙겠습니다. |

메르씨. 아 쎄떠르
Merci. A sept heures.

오늘의 특별음식이 무엇입니까?

껠 에 르 쁠라 뒤 쥬르?

Quel est le plat du jour?

시내식당에서

garÇon : 주문을 받을까요?
가르송

끄 데지레 부?
Que désirez-vous?

여행객 : 오늘의 특별음식이 무엇입니까?

껠 에 르 쁠라 뒤 쥬르?
Quel est le plat du jour?

garÇon : 라비올리입니다.

쎄 라비올리
C'est Raviolis.

여행객 : 좋아요. 그걸 먹겠습니다.

다꼬르 쥬 르 프랑
D'accord. Je le prends.

garÇon : 마실 것은 무얼 드릴까요?

껠 보아쏭 데지레-부?
Quelle boisson désirez-vous?

여행객 : 오랜지주스로 하겠습니다.

쥐 도랑쥐
Jus d'orange.

garÇon : 네. 무슨 스프를 드릴까요?

위. 껠 숲 데지레-부?
Oui. Quelle soupe désirez-vous?

여행객 : 푸렌치 어니언 스프로 주세요.

쥬 프랑드레 윈느 수프 도뇽
Je prendrai une soupe d'oignon.

garÇon : 후식을 드시겠어요?

불 레 부 를 데쎄르?
Voulez-vous le dessert?

여행객 : 커피와 사과파이로 하겠습니다.

쥬 프랑드레 엉 까페 에 윈느 따르뜨 드 뽐
Je prendrai un café et une tarte à la
pomme.

상 황 **17**

비타민을 팝니까?
부 쟈베 라 비타민?
Vous avez la vitamine?

쇼핑할 때 (약국에서) (1)

파르마씨
pharmacie

약 국: 도와드릴까요?

께스끄 부 블레?
Qu'est-ce que vous voulez?

여행객: 네, 비타민을 팔고 있습니까?

부 쟈베 라 비타민?
Vous avez la vitamine?

약 국: 비타민 B. C. E. 종합비타민 중에서 무엇을 드릴까요?

재 레 비티민 베, 쎄, 으. 끄 블레부?
J'ai les vitamines B, C, E. Que voulez-vous?

여행객 : **종합비타민을 주세요.**

뮐 띠 비타민, 씰 부 쁠레
multi-vitamine, s'il vous plaît.

약 국 : **당신이 복용하실건가요?**

쎄 부 끼 프러네?
C'est vous qui prenez?

여행객 : **아니오, 부인이 쓸 것입니다.**

농. 쎄 뿌르 마 팜
Non. C'est pour ma femme.

약 국 : **그러시면 이걸 써 보시라고 하세요. 틀림없이 마음
에 드실겁니다.**

에 비앙, 쥬 브드레 뤼 러꼬망데 쓰씨. 싸 뤼 쁠레라
쌍 두뜨
Eh bien, je voudrais lui recommander
ceci. Ça lui plaira sans doute.

상황 입냄새 제거약 주세요.

껠끄 쇼즈 콩트르 모베 쟐렌, 씰 부 쁠레

Quelque chose contre mauvaise halène, s'il vous plaît.

▶ 약국에서 (2)

약 국: 도와드릴까요?

끄 데지레 부?
Que désirez-vous?

여행객: 입냄새 제거약 주세요.

껠끄 쇼즈 꽁트르 모베 쟐렌, 씰 부쁠레
Quelque chose contre mauvaise halène, s'il vous plaît.

약 국: 여기 있습니다. 그 밖에 또?

뜨네, 아베끄 쓰씨?
Tenez. Avec ceci?

여행객: 기침약 주십시오.

쥬 브드레 껠끄 쇼즈 꽁트르 라 뚜
Je voudrais quelque chose contre la toux.

여행객 : 코막힐 때 먹는 약 주십시오.

Je voudrais quelque chose contre le nez bouché.

설사약 좀 주십시오.

Je voudrais quelque chose contre la diarrhée.

알러지 증세에 먹는 약 주십시오.

Je voudrais quelque chose contre l'allergie.

입술이 터질 때 쓰는 약 주십시오.

Je voudrais quelque chose contre la lèvre sèche.

종합감기약 주십시오.

Je voudrais quelque chose contre le rhume.

상 황
19

저 카메라를 보고 싶습니다.

몽트레 쎄 아빠레이 드 퍼퓸

Montrez cet appareil de photo.

카메라점에서

가게주인 : **도와드릴까요?**

뛰주 부 제데?
Puis-je vous aider?

여행객 : **저 카메라를 보고 싶습니다.**

몽트레 쎄 다바레이드 포또
Montrez cet appareil de photo.

가게주인 : **방금 나온 신형입니다.**

세 떵 누보
C'est un nouveau.

여행객 : **값이 천프랑입니까?**

싸 꾸뜨 밀 프랑?
Ça coûte mille francs?

가게주인 : 네, 그렇습니다. 정찰제입니다.

위. 레 프리 쏭 픽스
Oui. Les prix sont fixes.

여행객 : 여행자수표로 지불하고 싶습니다.

쥬 브드레 빼이에 엉 세끄 드 봐야지
Je voudrais payer en chèque de voyage.

가게주인 : 괜찮습니다.

비앙 쉬르
Bien Sûr.

여행객 : 여기 있습니다.

뜨네
Tenez.

가게주인 : 즐거운 관광여행 하십시오.

봉 봐야지
Bon voyage.

상황 20

실례지만 부탁 한가지 해도 될까요?

빠르동 뿌메 부 메데?

Pardon. Pouvez-vous m'aider?

▶ 관광지에서 사진을 찍을 때

여행객 : 이 카메라로 우리들 사진을 좀 찍어 주시겠습니까?

뿌리에 부 누 포또그라피에 아베끄 쓰 카메라?
Pourriez-vous nous photographier avec
ce caméra?

엥 오트르 뚜리스트 - un autre touriste
다른관광객 : 네, 그러죠.

위
Oui.

여행객 : 셔터의 단추를 누르기만 하세요.

일 쉬피 다쀠에 쓰 부똥
Il suffit d'appuyer ce bouton.

다른관광객 : **두 분이 좀 더 가까이 서주세요.**

라프로세 부
Rapprochez-vous.

여행객 : **이렇게요?**

꼼 싸?
Comme ça?

다른관광객 : **됐습니다. 웃어보세요.**

댓위. 쑤리에
Oui. Souriez.

찰칵

클릭
Clic.

됐습니다.

쎄 피니
C'est fini.

여행객 : **감사합니다.**

메르씨
Merci.

상황 21

차를 빌리고 싶습니다.

쥬 브드레 루에 윈느 바뛰르

Je voudrais louer une voiture.

▷ 현지에서 차를 빌릴 때

여행객 : **거기가 로이얼 렌터카입니까?**

봐뛰르 드 로까씨옹 로얄 에 라?
Voiture de location "Loyal" est là?

랜트회사 : **네, 도와드릴까요?**

에르아쎄
R-A-C

위. 쀠주 부 제데?
Oui. Puis-je vous aider?

여행객 : **오늘 오후 한 시에 중형차 하나 빌리고 싶습니다.**

쥬 브드레 루에 윈느 바뛰르 드 그랑더르 보아옌느 아 위 너르 오쥬르디
Je voudrais louer une voiture de grandeur moyenne à une heure aujourd'hui.

랜트회사 : **특정 차종이라야 하나요?**

부 자베 쇼아지 엉 모델?
Vous avez choisi un modèle?

여행객 : **한국차면 되겠습니다.**

Une voiture coréenne. Ça suffira.

랜트회사 : **누비라가 있습니다.**

Nous avons "Nouvira".

여행객 : **그걸로 하겠습니다.**

Je la prends.

요금은 얼마입니까?

Ça coûte combien?

랜트회사 : **하루 300프랑에 풀보험이 하루 100프랑입니다.**

Ça coûte trois cent francs par jour et l'assurance complète est cent francs par jour.

여행객 : **그 차를 가지러 한 시까지 가겠습니다.**

Je viendrai jusqu'à une heure.

현지에서 차를 빌릴 때

랜트회사 : **좋으실 대로 하십시오.**

Comme vous voulez.

여행객 : **나의 이름은 김인호이고 여기 전화번호는 207-6272입니다.**

Je m'appelle In-Ho Kim et mon numéro de téléphone est deux cents sept soixante-deux, soixante-douze.

랜트회사 : **감사합니다. 김 선생님.**

Merci. Monsieur Kim.

김인호입니다

인호 김

In-Ho Kim.

렌트카 회사에서

랜트회사 :	그러시군요.

에 비앙　　　　Eh bien.

얼마동안 쓰실 것입니까?

꽁비앙 드 쥬르 부 블레 루에?
Combien de jours vous voulez louer?

김인호 :	이틀입니다.

두 쥬르　　　　Deux jours.

나의 크레딧카드입니다. 보증금은 얼마입니까?

마 까르뜨 드 크레디 에 라.
싸 꾸뜨 꽁비앙 뿌르 라 꼬씨옹?
Ma carte de crédit est là.
Ça coûte combien pour la caution?

랜트회사 :	300 프랑입니다.

싸 꾸뜨 트와 쌍 프랑
Ça coûte trois cent francs.

상 황

23

이 버스가 몽마르트까지 갑니까?

에스 끄 스 뷔스 바 쥐스까 몽마르트르?

Est-ce que ce bus va jusqu'à Montmartre?

▶ 대중교통 수단을 이용할 때

버스기사 : 네, 그렇습니다.
쇼퍼르
chauffeur 위
Oui.

여행객 : 요금이 얼마입니까?

싸 꾸뜨 꽁비앙?
Ça coûte combien?

버스기사 : 8프랑입니다.

싸 꾸뜨 위뜨 프랑
Ça coûte huit francs.

여행객 : 도착하면 내려주십시오.

데쌍데 모아 깡 르 뷔스 아리브
Descendez-moi quand le bus arrive.

버스기사 : 내려드리고 말고요.

비앙 쉬르
Bien Sûr.

여행객 : 몽마르트르까지는 몇 정거장이나 됩니까?

꽁비앙 다레 이 아띨 쥐스까 몽마르트르?
Combien d'arréts y a-t-il jusqu'à
Montmartre?

버스기사 : 한참 가야됩니다. 20정거장입니다.

쎄 로앵 디씨. 뱅 아레
C'est loin d'ici. Vingt arrêts.

상황 24

실례지만 지하철을 어디에서 탑니까?

우 주 뿌 프랑드르 메트로?

Où je peux prendre le métro?

➡ 지하철을 이용할 때

빠쌍
passant
보행인 : 똑바로 계속 가십시오.

뚜 드와
Tout droit.

여행객 : 감사합니다.

메르씨
Merci.

여기서 멉니까?

쎄 로앵 디씨?
C'est loin d'ici?

보행인 : 아니오, 조금만 가시면 됩니다.

농. 쎄 프레 디씨
Non. C'est près d'ici.

여행객 : 어디서 표를 살 수 있습니까?

우 쀠주 아쉬떼 르 띠께?
Où puis-je acheter le ticket?

보행인 : 저 계단을 내려가십시오.

데 쌍데 빠르 쎄데쓰깔리에 라
Descendez par cet escalier-là.

여행객 : 감사합니다.

메르씨
Merci.

여행객 : 몽마르트르행표 두 장 주세요.

두 띠께 뿌르 라 디렉씨옹 드 몽마르트르
Deux tickets pour la direction de
Montmartre.

편도 승차권으로 주세요.

알레 쌩쁠르, 씰 브 쁠레
Aller simple, s'il vous plaît.

여행객 : 몽빠르나쓰로 가는 것은 몇 호선입니까?

껠 린느 도와 주 프랑드르 뿌르 알레아 몽빠르나쓰
Quelle ligne dois-je prendre pour aller à Montparnasse?

역원: 4호선입니다.

꽁트롤러
controleur 린느 까트르
Ligne quatre.

여행객 : 열차를 갈아타야 하나요?

도와 쥬 패르 라 꼬레스뽕당스?
Dois-je faire la correspondance?

역원 : 그러실 필요없습니다.

농
Non.

갈아 타시지 않고 도착할 수 있습니다.

부 나베 빠 브쥬왕 드 패르 라 꼬레스뽕당스
Vous n'avez pas besoin de faire la correspondance.

역원 :　　**갈아 타셔야 합니다.**

부 드베 패드라 꼬레스뽕당스
Vous devez faire la correspondance.

여행객 :　　**갈아타는 역 명칭은 무엇입니까?**

껠 에 르 농 드라스따씨옹 드 꼬레스뽕당스?
Quel est le nom de la station de correspondance?

역원 :　　**나씨옹입니다.**

쎄 라 나씨옹
C'est la Nation.

거기서 내리셔서 2호선으로 갈아타십시오.

데쌍데 라 에 프러네 라린느 듀
Descendez là et prenez la ligne deux.

voie, rails(보아, 라이)　철도, 선로, 궤도, 선
faire la correspondance(패르 라 꼬레스봉당스)
　　　　　　　　　　　　열차를 갈아타다.
sans changer de ligne(쌍 샹제 드 린느)　갈아타지 않고
faire la correspondance(패르 라 꼬레스뽕당스)　갈아타다.

상 황

25

서울에 전화하려고 합니다.

쥬 브드레 뗄레포네 아 세울

Je voudrais téléphoner à Séoul.

▶ 호텔에서 서울로 전화

호텔 : 잠시만 계십시오. 국제전화 교환을 불러드리겠습니다.

아땅데. 쥬 베 메트르 르 스땅다르디스트 엉 꼬뮤니까 씨옹

Attendez. Je vais mettre le standardiste en communication.

여행객 : 감사합니다.

메르씨

Merci.

국제교환 : 국제교환입니다. 도와드릴까요?

스땅다르디스트. 삐 쥬 부 제 데?

Standardiste. Puis-je vous aider?

여행객 :　서울로 전화하고 싶습니다.

전화번호는 2796-2255. 그리고 지명통화로 해주세요.

쥬 브드레 뗄레포네 아 세울
르 뉘메로 드 뗄레폰 에 뱅세뜨 까트르 뱅 쎄스 쎄스,
뱅 두 쌩깡뜨 쌩끄에 꼬뮤니까씨옹 아베끄 프레아비,
씰 부 쁠레

Je voudrais téléphoner à Séoul.
Le numéro de téléphone est vingt-sept quatre-vingt-seize, vingt-deux cinquante -cinq.
Et communication avec préavis, s'il vous plaît.

국제교환 :　누구와 통화하고 싶으십니까?

아 끼 블레 부 뗄레포네?
A qui voulez-vous téléphoner?

여행객 :　한여사입니다. 모친입니다.

마딤 한. 마 메르
Madame Han. Ma mère.

국제교환 :　이름의 철자는?

꼬망 에크리르?
Comment écrire?

여행객 :　에이치 에이 앤

아쉬 아 엔느
H. A. N.

국제교환 :　잘 알겠습니다. (좋습니다)

비앙 앙땅뒤
Bien entendu.

대화자가 나오면 전화하겠습니다.

쥬 베 부 라쁠레 깡 띨 에 꼬넥떼
Je vais vous rappeler quand il est connecté.

여행객 :　네, 부탁합니다.

위. 씰 부 쁠레
Oui, s'il vous plaît.

상황 26

가장 가까운 철도역이 어디에 있습니까?

우 에 라 갸르 라 쁠뤼 프로쉬?

Où est la gare la plus proche?

➤ 기차여행을 할 때

빠쌍-passant

보행인 : 여기서 먼 거리입니다. 택시를 타십시오.

쎄 로앙 디씨. 프러네 라 탁씨
C'est loin d'ici. Prenez la taxi.

쇼퍼르-chauffeur

택시기사 : 어디로 모실까요.

우 알레부?
Où allez-vous?

뚜리스트-touriste

여행객 : 가장 가까운 철도역으로 갑시다.

알롱 아 라 갸르 라 쁠뤼 프로쉬
Allons à la gare la plus proche.

택시기사 : 자, 다왔습니다.

누 쏨 자리베
Nous sommes arrivés.

여행객 : 얼마입니까?

싸 꾸뜨 꽁비앙?
Ça coûte combien?

택시기사 : 40프랑입니다.

싸 꾸뜨 꽈랑뜨 프랑.
Ça coûte quarante francs.

여행객 : 여기 있습니다. 거스름 돈은 넣어두세요.

뜨네. 갸르데 라 모네
Tenez.
Gardez la monnaie.

여행객 : 매표소가 어디에 있습니까?

우 삐 쥬 아쉬떼 엉 비이에?
Où puis-je acheter un billet?

역원 : 저 화살표시를 따라가십시오.

마르쉐 베르 라 플레쉬
Marchez vers la flêche.

여행객 : 감사합니다.

메르씨
Merci.

스트라스부르흐까지 표 두 장 주십시오.

두 비이에 뿌르 알레 아 스트라스부르흐
Deux billets pour aller à Strasbourg.

첫 열차는 몇 시에 있습니까?

아 껠 러르 르 프리미에 트랑 빠르?
A quelle heure le premier train part?

역원 : 14:00시에 있습니다.

아 듀져르
A douze heure.

파리가 유행의 대명사로 인정되듯이 쇼핑을 할만한 장소와 종류들이 다양해서 쇼핑하기에 더없이 즐거운 곳이다. 이런 파리에서 추천할 만한 곳을 들자면 수없이 많은 이름들이 나열되어야 한다.

길지 않은 여행일정에 모든 것을 보는 것은 불가능하다. 그러므로 대부분의 여행객들이 공통적으로 즐거워하며 사는 것만이 아니고 보는 것만으로도 즐거워질 수 있는 벼룩시장 등 특이할 만한 곳을 몇 곳 선택해 보자.

여름인 7~8월과 12~1월 크리스마스 시즌에는 전 유럽이 세일(Solde)을 하는 기간이다. 이는 파리도 마찬가지이다. 물론 백화점만이 아니고 일반 상점들까지 동참하는 시기이다. 이때 일반 상점을 이용할 때는 '스톡(Stock)'이라는 명칭의 재고품과 '데그리페(Degriffe)'라는 할인품이라는 팻말이 붙어있는 것을 볼 수 있는데 이는 세일과 동일한 의미이다. 그러나 프리프(Fripes)라는 팻말이 붙어있는 것은 중고품임을 뜻하는 것이니 약간은 다르다는 것을 알고 찾는 것이 순서이다.

1. 파리의 유명 백화점

갤러리 라파이에뜨(Galeries Lafayette): 패션 코너가 볼 만한 파리의 대표적인 백화점으로 쁘렝땅과 나란히 오페라 하우스 뒤편에 있다.

쁘렝땅(Printemps): 더 이상의 설명이 필요없는 큰 백화점. 오페라 하우스 뒤쪽에 있다.

봉 마르세(Bon Marche): 파리에서 가장 오래된 백화점으로 구스타브 에펠이 설계했다.

사마리텐(Samaritaine): 퐁 뇌프에 가까우며 비교적 저렴한 물건들을 많이 팔고 있다.

2. 오페라 하우스 주변의 면세점

오페라 하우스 주변에는 크고 작은 면세점들이 몰려 있다. 이중에는 한국인을 상대로 한국인 직원이 상주하는 곳도 있으므로 시간이 나면 들러서 선물을 준비할 수 있을 것이다.

벤룩스(Benlux): 지하철 1호선 팔레 르와얄(Palais Royal)역에서 내린다.

그 외에도 파리 룩(Paris Look), 그레이(Grey)도 오페라 하우스 근처에 있으므로 찾아볼 만 하다.

3. 파리의 벼룩시장

파리의 서민적인 모습과 다양한 물건들로 그냥 한번 찾아가 구경하는 것만으로도 즐거운 곳으로 파리에는 세 곳이 여행자들에게 유명하다.

끌리낭꾸르(Clignancourt): 파리의 남대문시장. 1920년대부터 형성되어 지금은 현지인이든 관광객이든 이곳으로 모여들어 진귀한 물건을 발견할 수 있다. 끌리낭꾸르 역에서 내리면 바로 좌판대에 늘어놓은 벼룩시장으로 이어진다. 여기에 연결되어 아케이드가 있는데 벼룩시장의 맛은 없지만 그래도 그림이나 고서, 의류 등을 판매하고 있다. 세번째로 들르게 되는 곳은 아프리카 구역. 아프리카에서 만들어 건너온 다양한 물건들이 판매되고 있어 그렇게 부르고 있다. 물건을 살 때는 반드시 흥정을 해보자.

가는 방법은 몽마르뜨 북쪽 메트로 4호선 종점 포르트 드 끌리낭꾸르(Porte de Clignancourt)역에서 내려 로지에 거리를 향해 가면 된다. 토.일.월 오전 7시부터 오후 7시까지 열린다.

몽트뢰이유(Montreuil): 몽트뢰이유 광장 쪽으로 내려가면 나타나는 이 노천 시장에서는 저렴하고 오래된 의류품이나 일용잡화 등이 있다. 가는 방법은 메트로 9호선 Porte de Montreuil 역에서 하차한다. 토.일 오전 7시 30분부터 오후 7시까지

방브(Vanves): 소규모지만 중고 가구나 품질 좋은 골동품을 살 수 있다. 레이스나 고서적도 다양하게 갖춰져 있어 볼거리를 더한다. 가는 방법은 메트로 13호선 Porte de Vanves 역에서 하차하면 된다. 토.일 오전 10시부터 오후 6시까지

 하나, 둘 해외 여행 프랑스어

4. 특색있는 쇼핑거리들

생 미셸 대로(St. Michel)-소르본느 대학이 있는 대학가: 젊은이들의 거리답게 서점부터 음악사, 부띠끄, 소품 등 다양한 가게들이 몰려있다.

포럼 데 알(Forum des Halles): 투명한 유리로 둘러싸인 커다란 이 쇼핑센타는 의류, 악세서리, 인테리어 소품 등 각종 상점은 물론 박물관과 영화관, 서점까지 몰려있다. 구경으로 지나치는 것만으로도 족히 서너시간은 할애해야 할 정도이다. 퐁피두 센터와 루부르 박물관에서 멀지 않다.

자콥 거리(Rue Jacob): 인테리어에 관심이 있는 사람들은 반드시 찾아갈 만한 가치를 가지는 곳이다. 제품을 사지않고 구경만으로도 호사라 할만한 유명 디자이너들의 작품들도 있다. 가는 방법은 생 제르맹(St. Germain) 대로를 거슬러 내려가면 만날 수 있다.

그리니쥐 민 타임 : 그리니치 표준시((약 GMT))
Greenwich Mean Time
Greenwich 그리니쥐 · 그리니치 : 런던교의 템스강 가
의 자치구. 본초 자오선의 기점. 그리니치 천문대의 소재지

■ 주요도시명

	Noon 눈 : 정오	
London 런던 : 영국의 수도		
Stockholm 스따크호울음 : Sweden의 수도	+1	PM
Vienna 비에너 : 오스트리아의 수도	+1	〃
Helsinki 헬싱키 : 핀란드의 수도 · 항구	+2	〃
Tripoli 트리펄리 : 리비아의 수도	+2	〃
Cairo 카이어로우 : 이집트의 수도	+2	〃
Johannesburg 죠우해니스 벌그 : 남아메리카 연방 제일의 도시	+2	〃
Cape Town 케이프 타운 : 남아공화국의 입법부 소재지	+2	〃
Moscow 마스카우 · 마스코우 : 소련의 수도 : 러시아어명은 Moskva	+3	〃
Nairobi 나이로우비 : Kenya 공화국의 수도	+3	〃
Tehran 테이러랜 : 이란의 수도	+3:30	〃
Volgograd 발거그래드 전이름 : Stalingrad : 소련남부의 도시	+5	〃
Abu Dhabi 아부다비 : 아랍에미리트 연방의 주요구성국 · 수도	+5	〃
Tashkent 태쉬켄트 : 소련 Uzbek 공화국의 수도	+4:30	〃
New Delhi 뉴델리 : 인도공화국의 수도	+4:30	〃
Singapore 싱거포얼 : 말레이반도 남단의 섬:영연방내의 공화국 수도	+7	〃

■ 주요도시

도시	시차	
Bangkok 뱅칵크・뱅코크 : Thailand의 수도	+7:30	〃
Jakarta 쥐어카얼터 : 인도네시아 공화국의 수도	+7:30	〃
Beijing 베이징 = Peking	+9	〃
Hong Kong 홍콩・항캉	+8	〃
Manila 머닐러 : 필립핀의 수도	+8	〃
Seoul 서울 : 한국의 수도	+9	〃
Vladivostok 블래디버스딱크 : 소련령시베리아 동남의 항구	+9	〃
Tokyo 도쿄 : 일본의 수도	+9	〃
Adelaide 애더레일드 : 오스트레일리아 남부의 도시	+9:30	〃
Sydney 시드니 : 오스트레일리아 동해안의 항구도시 : NSW주의 수도	+11	〃
Anchorage 앵커리지 : 미국 알래스카주 남부의 항구도시	−10	AM
Honolulu 하너룰루 : 미국 하와이주의 수도	−10	〃
Vancouver 뱅쿠버 : 캐나다 남서부 부리티쉬 컬럼비아주의 항구도시	−7	〃
San Francisco 샌푸런씨스코우 : 캘리포니아주의 항구도시	−8	〃
Chicago 쉬카고우 : 미시간 호숫가에 있는 미국 제2의 도시	−6	〃
Mexico 맥시코우 : 북미남부의 공화국: 수도는 Mexico City	−6	〃
Montreal 만추리올 : 캐나다 남동부의 도시	−5	〃
Toronto 터란토우 : 캐나다 남동부 Ontario 주의 수도	−5	〃
New York : 뉴욕주에 있는 미국 최대의 도시	−5	〃
Bogota 보우거토 : 남아메리카 콜롬비아 공화국의 수도	−5	〃
Lima 리머 : 페루의 수도	−5	〃
Buenos Aires 부에이너스 에어리즈 : 아르헨티나의 수도	−3	〃

파리는 똥, 천국?

파리는 정말 똥(?) 투성이다. 이에는 두 가지 의미가 있다. 첫번째 의미는 그야말로 똥이 많다는 것이다. 바로 개똥이다. 유난히 애완견이나 고양이를 많이 키우는 파리 사람들이 하루에도 몇 번씩 자신들이 키우는 귀염둥이(?)들을 데리고 산책을 나와 일을 보게 하니 어디 길거리가 깨끗할 날이 있겠는가? 유학생들끼리 하는 농담중에 "파리에서는 개똥을 밟지 않으면 하다못해 그 가루라도 안밟고 다니는 날이 없다"는 말이 있다. 맞는 이야기이다. 기분나쁜 봉변을 피하려면 주의하길 바란다. 만약 봉변을 당했다면 인도 옆에 흐르는 물을 이용해야 한다. 파리의 길옆에 흐르는 물은 이런 경우에 쓰라고 만들어놓은 것이다.

두번째로 파리에는 파리똥이 많다. 뭔말이냐고? 파리사람들은 항상 파리똥을 외친다. '실례합니다'라는 말이 불어로는 파르동(pardon)인데 이것이 이렇게 들리기 때문이다. 파리에서 가장 많이 듣는 소리가 '고맙다'는 뜻의 멸치(메르시: merci)와 파리똥일 것이다. 버스에서 내릴 때 옆사람에게도 파리똥, 길을 가다 앞질러 갈 때도 파리똥, 눈만 마주쳐도 파리똥, 그래서 파리는 파리똥 투성이다.

파리에서는 화장실 찾기가 어렵다.

급할 때 화장실이 근처에 없으면 얼마나 곤란한가. 파리가 바로 그런 곳이다. 우선 우리나라의 지하철에는 화장실이 있어서 요긴하게 쓰이지만 파리의 지하철에는 화장실이 없다. 이 점은 파리를 처음으로 찾은 유학생이나 관광객이 가장 이상하게 여기는 점중의 하나이다. 백화점이나 큰 상점에도 화장실이 없다. 아니 정확히 말하면 무료화장실은 없다. 화장실 앞에는 근사하게 차려입은 아주머니나 아저씨들이 돈을 받는다. 요금은 보통 1프랑에서 2프랑 정도이다. 에펠탑같은 곳에도 화장실이 있지만 돈을 받으니 정말 치사한 일이다. 사정이 이러니 어디를 나서기 전에는 반드시 화장실에 가서 미리 용무를 봐두는 것이 좋을 것이다. 그러면 길을 가다 급한 일이 생기면 어떻게 용무를 해결해야 하나? 가장 간단한 일은 근처의 카페에 들어가는 일이다. 화장실 사정이 우리나라와 큰 차이를 보이는 것처럼 카페의 화장실도 우리나라와는 차이를 보이므로 이 점을 이용해야 한다. 무슨 말인고 하니 얼굴에 철판을 깔고 당당히 들어가서 용무를 보라는 얘기다. 이곳에서는 급할 때 카페에 들어가서 용무를 보는 것이 별로 이상한 일이 아닌 평범한 일상사 중의 하나이다. 우리나라는 남의 카페에 들어가서 아무 것도 시키지도 않으면서 화장실만 슬쩍 하고 나가는 것이 조금 이상한 일이지만 이곳에서는 괜찮다. 정히 미안하다면 화장실의 불어인 투왈렛(toillet)이라고 말하며 웨이터에게 묘한 표정을 지으면 백이면 백 모두 웃는 얼굴로 화장실 위치를 가르쳐줄 것이다. 나올 때는 간단히 고맙다(메르시: merci)는 말을 하고 나오면 된다. 또 한 가지 방법은 거리에 설치된 간이화장실이다. 이 화장실은 2프랑짜리 동전을 넣으면 문이 열려 사용할 수 있게 된다. 그런데 파리의 자동판매기들은 상당수가 동전교환장치가 되어 있지 않다. 2프랑이 아니면 문을 열 수가 없다. 따라서 다른 동전은 몰라도 2프랑짜리 동전은 반드시 지니고 다녀야 한다는 사실.

지하철과 버스에는 문여는 손잡이가 있다.

우리나라 지하철과 버스는 대부분 자동문이다. 그러나 파리의 대부분의 지하철은 수동식 문이다. 따라서 사람이 손잡이나 버튼을 작동하여 문을 열지 않으면 열리질 않는다. 역에 도착하고도 문을 손수 열지 않으면 내릴 수가 없는 것이다. 버스의 경우에는 근래에 들어 자동문으로 대체되고 있는 중인데 아직도 절반 정도는 수동식 문이다. 이 경우도 정류장에 버스가 서면 단추를 눌러 문을 열어야 한다. 간혹 중간이나 뒷문으로 탈 수 있는 긴버스는 탈 때도 문옆에 달린 버튼을 눌러야 문이 열린다. 이것에 길이 들면 한국에서 타고 내릴 때 오히려 손이 근질근질 허전함을 느낄 것이다.

에스컬레이터에서는 오른쪽으로 붙어라.

파리사람들은 바쁜가보다. 자동으로 움직이는 에스컬레이터를 타고서도 걸어올라가는 사람들을 흔히 볼 수 있다. 이렇게 바쁜 사람들을 위해 파리 사람들은 에스컬레이터를 타면 오른쪽으로 붙어 그 사람들이 빨리 올라갈 수 있게 해준다. 간혹 두 사람이 나란히 에스컬레이터를 타고 가만히 있으면 뒷사람이 파리똥(실례합니다라는 불어 파르동: pardon이 이렇게 들린다)을 연신 말하며 치고나가는 것을 보게될 것이다. 바쁘니 옆으로 비켜서서 길을 트라는 얘기인 것이다.

카페에 들어가서 커피를 시키면 쓴 맛을 본다?

우리나라에서 부르는 커피와 이곳의 커피는 크기와 맛에서 차이를 보인다. 이곳 커피는 매우 작은 컵에 담겨져 나오며 맛이 그야말로 한약같이 쓰다. 따라서 우리나라 같은 맛을 상상하고 커피를 시키면 매우 쓴 맛을 볼 것이다. 우리나라 같은 크기의 잔에 맛도 순한 것을 시키려면 물을 탄 커피(카페 알롱

제: cafe alonge)나 밀크커피(카페오레: cafe au lait)를 시켜야
한다.

같은 카페에도 장소에 따라 값이 다르다.

우리나라의 카페에 들어가면 어떤 자리에 앉더라도 값이 동
일하다. 그러나 이곳은 다르다. 자리에 따라 값이 크게는 두
배도 차이가 나니 이점 명심할 것. 먼저 바에 서서 마시면 값
이 가장 싸다. 10프랑도 안하는 값에 차를 마실 수 있다. 다
음으로 보통좌석에 앉아 마시면 보통의 값을 치러야 한다. 마
지막으로 좋은 자리, 즉 전망이 좋다거나 소파가 좋으면 값을
그만큼 더 내야 한다.

슈퍼 개장시간에 주의하라.

우리나라는 24시간 편의점이 아니더라도 보통의 경우 12시
까지 문을 여는 구멍가게나 슈퍼를 흔히 볼 수 있다. 그러나
유럽은 6시 이후면 문을 닫는 상점이 대부분이다. 더 열고 영

업을 하고 싶어도 동업조합에서 한 약속이 있기 때문에 그럴
수 없다나? 따라서 장을 볼 것은 미리미리 봐두거나 며칠 몫을
사다가 저장해두어야 한다. 또한 주말에는 문을 여는 상점을
찾기가 매우 힘들다는 사실을 염두에 두어야 한다. 특히 성탄
절 휴가 때나 부활절 휴가 때 등은 며칠씩 슈퍼가 문을 열지
않는다.

소매치기 조심!

　세계 어느 대도시도 마찬가지이겠지만 파리시도 소매치기들
로 인해 골치를 썩고 있다. 특히 관광객이 많아지는 여름철이
오면 피해가 더욱 심각해진다. 파리의 소매치기들은 수적으로
나 솜씨면에 있어서 세계적으로 인정을 받을만큼 대단하기로
유명하다. 아랍인 계통의 소매치기들이 주를 이루지만 성수기
때에는 이웃 유럽국가들에서도 상당수 원정을 온다고 한다.
　이들은 주로 사람들이 많이 모이는 관광지 특히 지하철에서

활동을 벌인다. 모든 관광지가 표적이지만 노트르담, 몽마르트르, 샤틀레, 백화점이 밀집한 오페라 근처에서는 주의가 배로 필요하다.

소매치기를 막는 방법은 매우 일반적인 이야기이지만 항상 주위를 경계하는 수밖에 없다. 특히 인종차별주의는 아니지만 관광지나 지하철에서 주위에 아랍인이 붙으면 일단 의심해야 한다. '설마 하다가 역시나' 하는 경우를 당하기 싫은 분이라면 소매치기라고 예상되는 사람이 옆에 붙으면 눈을 몇 번 마주치는 것이 가장 좋은 방법이라고 강력 추천한다. 동양인의 눈은 이곳에서는 매우 무서운 눈으로 통한다. 날카로운 눈매 몇 번으로 적을 제압하라.

길거리에서 물건을 사라고 달려드는 사람이나 담배를 달라는 사람 혹은 동전을 구걸하는 집시들도 의심해야 한다. 이들은 때에 따라 쉬운 상대라고 생각되면 소매치기하는 것으로 목적이 변한다는 것을 명심해야 한다.

여러 가지 긴급상황을 대비해서 점검할 사항들

여행, 특히 고국에서 멀리 떨어진 낯선 곳을 여행할 때는 반드시 비상사고 혹은 긴급상황과 마주치게 마련이다. 물건이나 증명서를 분실했다거나 갑작스런 질병이 생기는 경우는 언제나 여행자들을 노리는 불안한 사항들이다. 위와 같은 비상사고를 당하고 나서 빨리 해결하는데 큰 도움이 되는 것들은 다음과 같으니 반드시 지니고 다녀야 한다.

1. 여행지에 위치한 우리나라 해외공관주소록: 사고를 당했을 때 가장 먼저 전화걸어야 하는 곳이 바로 대사관, 영사관 등의 해외주재 공관원이다. 따라서 이들의 주소나 전화번호를 적은 종이를 반드시 지니고 다녀야 한다. 이 종이는 여권이나 지갑이 아닌 곳에 두는 것이 좋다. 여권이나 수첩은 자주 분실하는 것들에 속하기 때문이다. 참고로 파리에 있는 한국대사관의 전화번호는 01 4753 0101 이다.

2. 여행지에 위치한 한인업소 주소록: 위에 적은 공관은 의외로 휴일도 많고 근무시간도 매우 제한적이다. 무슨 일이 생겨 연락을 해도 근무시간이 지나 도움을 못받는 경우가 더 많을지도 모른다. 이점은 유학생이나 교민들이 항상 불만족스럽게 여기는 점이기도 하다. 아무튼 공공기관은 문을 닫을지언정 식당이나 상점

은 일반적으로 항상 문을 열고 있다고 생각하면 된다. 특히 호텔 같은 숙박업소는 항상 문을 열고 여러분을 기다리고 있다. 무슨 일이 생겼을 때 여러분에게 빠른 도움을 줄 수 있는 곳들은 공관원보다는 바로 이런 한인업소들이다. 한두 개 정도는 알아두도록 하자. 참고로 파리에 위치한 한인호텔인 낙원호텔의 전화번호를 적어둔다. 주인 아저씨 인간성이 만점이니 부담갖지 말고 어려움이 있으면 구원을 요청해 보라. '낙원호텔: 01 4375 3087. 재불한인회: 01 4250 9966' 이다.

3. 각종 증명서의 복사본: 원본을 잃어버렸다손 치더라도 빠른 복구를 보장해주는 가장 좋은 방법은 바로 복사본들을 가지고 다니는 것이다. 특히 여권과 여행자수표 비행기표 등의 중요한 서류나 증명서는 꼭 복사해 놓도록 하자. 이런 것들이 없다면 새로 발급받을 증명서에 기입할 여러 숫자들, 가령 주민등록번호나 여권번호 등의 사소한 것들이 기억나지 않을 수도 있다. 낯선 땅을 여행하다보면 일시적인 건망증에 빠지는 경우가 더러 있다. 기억력을 너무 과신하지 말라. 적어도 낯선 곳에서의 여행 중에서는 말이다.

4. 사진 몇 장: 증명서를 분실했을 때 필요하다. 특히 여행지에서 뜻하지 않게 들어가고 싶은 곳이 생겼을 때 그 입장권에 붙일 때도 긴요하게 쓰일 수 있다. 예를 들면 입장카드가 있어야만 들어갈 수 있는 도서관이나 특수박물관 등에 입장할 때 쓸 수 있다.

5. 수신자 부담 전화서비스 번호: 한국의 친지에게 구조를 요청할 일도 생길 수 있으므로 수신자 부담 전화서비스 번호 하나 정도는 알아두어야 한다. 참고로 프랑스에서 한국으로 전화거는데 쓰는 데이콤 서비스 번호는 '0800-99-0182' 이다.

여권을 분실했을 경우

여행중 가장 빈번히 일어나는 사고중의 하나가 바로 여권 분실이다. 자주 내보여야 하고 항상 지니고 다녀야 하는 만큼 그 사고빈도가 높을 수밖에 없다. 그러나 여권 분실은 가장 심각한 사고임에 틀림없다. 여권이 없으면 사실상 더이상의 여행이 불가능하다고 보면 된다. 여권을 다시 발급받을 수 있는 곳은 해외 주재 대사관이나 영사관밖에 없으므로 여권을 분실했을 경우는 바로 이곳에 연락해서 도움을 받아야 한다. 여권이 없으면 다른 나라로의 출국이 불가능한 경우가 대부분이므로 잃어버린 곳의 대사관이나 영사관을 찾는 것 외에는 별도리가 없다. 위에 적은 바대로 사진이나 여권번호 및 주민등록번호 메모 등 사전준비가 잘 되어있다면 빠른 시간내에 발급받을 수도 있겠지만 그렇지 못하면 오래 시간을 끌게 되므로 주의할 것. 최악의 경우 같이 간 팀에서 이탈할 수 밖에 없는 경우를 당한다. 여권을 분실한 한 사람 때문에 팀 전체의 여행스케줄이 변동하는데는 한계가 있기 때문이다.

1 저어, 여보세요.(남성의 경우)

에 비앙 무슈우
Eh bien Monsieur.

2 저어, 여보세요.(여성의 경우)

에 비앙 마담
Eh bien Madame.

3 여보세요? (전화 통화할 때)

알로?
Allô?

4 ~하지 않겠어요?

부 느 블레 빠~?
Vous ne voulez pas~?

5 누구시라고 전할까요?

끼 에 따 빠레이?
Qui est à appareil?

6 아무도 예측할 수 없다.

뻬르손 느 프레보아
Personne ne prévoit.

7 맞았어, 바로 그거야.

위. 쎄 비앙 싸
Oui. C'est bien ça.

8 내 의견은 ~이다.

몽 오삐니옹 에 ____
Mon opinion est ____.

9 설마! 그럴까! 어머!

쎄 빠 브레!
C'est pas vrai!

10 알겠소. 그렇군.

앙땅뒤
Entendu.

11 생각해 보죠.

주 레플레쉬레
Je réflechirai.

12 안녕! 또 만나세!

아비앙 또!
A bientôt!

13 곧 알게 될꺼다.

뛰 써라 비앙또
Tu sauras bientôt.

14 내가 보는 바로는~

다르레 쓰 끄 쥬 보아 ~
D'après ce que je vois ~

15 미안합니다만 지나갑시다, 좀 봐주세요,
눈 감아주세요.

빠르동. 레쓰 모아 빠쎄. 빠르포네 모아. 빵쎄
앙꼬르 윈느 포아
Pardon. Laissez-moi passer. Pardon
nez-moi. Pensez encore une fois.

16 우리들을 놓아주시오.

리베레 누
Libérez-nous.

17 갑시다.

옹 니 바
On y va.

18 그런데, 뭐랄까.

메, 꼬망 디르
Mais, comment dire.

19 폭풍우 등이 가라앉고 있다.

라 빵뻬뜨 스 깔므
La tempête se calme.

20 반드시 (꼭) ~하여라.

누블리 빠 아 페르
N'oublie pas à faire.

21 과연, 반드시, 정말로.

브레망
vraiment

22 진짜의, 현실의, 실제의, 순수한

레엘, 쀠르
réel, pure

23 ~하는 것은 아주 당연하다.

쎄 에비당 끄 ~
C'est évident que ~

24 서로 공평이 제일이다.

라 프리미에 쇼즈 앵뽀르땅뜨 레갈리떼
La première chose importante est
l'égalité.

25 대단히 불쾌한, 형편없는, 시시한,
진저리나는

데자그레아블, 메디오크르
déagreable, médiocre

26 ~할 가치가 없는

이뉘띨
inutile

27 내가 책임지겠다. 틀림없다.

쥬 므 샤르쥐. 쎄 쉬르
Je me charge. C'est sûr.

28 글쎄 어떨까, 뭐라고 말할 수 없는데

꼬망 디르, 쥬 느 쁘 바 쎄르세 엉 모 아프로
프리에
Comment dire, je ne peux pas
chercher un mot approprié.

~이잖아요, 실은~, 안 그래요?

아브레 디르, 네스 빠?
A vrai dire, n'est-ce pas?

어디서 왔습니까?

두 브네 부?
D'où venez-vous?

좋지 뭐 그러지 뭐 (상대방의 제안에)

다꼬르
D'accord

~해 보면 어떤가? ~해 보지 그래

뿌르끄와 뛰 느 페 빠 ~?
Pourquoi tu ne fais pas ~?

입어보지 그래.

에쎄
Essais.

술과 음식으로 푸짐하게 대접하다.

아겨이에 아베끄 랄꼴 에 레 쁠라 쏭쁘씨우
Accueiller avec l'alcool et les plats
sompteux.

34 발걸음도 가볍게

A pas léger

35 나는 비행중이다 (여행중이다).

Je suis en voyage.

36 기뻐서 어쩔 줄 모르겠다.

Je suis au comble de la joie.

37 아직 미정이다.

C'est pas définitif.

38 이따가 다시 전화하겠다.

Je te rappelerai tout-à-l'heure.

39 경솔한 짓하지 마라. 재난을 자초하지 마라.

Sois sage.
Ne provoque pas le malheur.

40 물어서 실례일지 모르지만,

쎄 빠 쒸르 씨 싸 부 데랑쥐 메
C'est pas sûr si ça vous dérange mais,

41 그 쪽이 더 낫다.

쎄 뮤우 라
C'est mieux là.

42 이열치열 (속담)

오 그랑 모, 레 그랑 러메드
Aux grands maux, les grands remèdes.

43 은혜는 은혜로 원한은 원한으로 갚다. (속담)

아 보 쥬, 보 러뚜르
A beau jeu, beau retour.

44 철저하게 하다. 갈데까지 다 가다,
최후의 선을 넘다.

페르 꽁쁠레뜨망.
데빠쎄 라 데르니에르 린느
Faire complètement
Dépasser la dernière ligne.

45 마음을 고쳐먹다, 생활을 일신하다.

샹제 르 모드 드 비
changer le mode de vie.

상황 27

이 길이 나씨옹에 가는 길입니까?

쎄 라 루트 뿌르 알레 아 라 나씨옹?

C'est la route pour aller à la Nation?

렌터카로 휴양지에

보행인 : 이 길로 가면 돌아가게 됩니다.

부 패뜨 엉 데뚜르 빠르 라
Vous faites un détour par là.

보행인 : 어느 길이 지름길입니까?

껠 라 루뜨 꾸르뜨?
Quelle est la route courte?

보행인 : 저 길로 가십시오.

프러네 쓰 루뜨 라
Prenez ce route-là.

여행객 : 감사합니다.

메르씨
Merci.

여행객 : 실례지만 몽빠르나쓰는 어느 길입니까?

빠르동. 주 브드레 알레 아 몽빠르나쓰
Pardon. Je voudrais aller à Montparnasse.

보행인 : 곧바로 계속 가시다가 서쪽으로 가세요.

뚜 도와 에 뚜르네 아 고쉬
Tout droit et tournez à gauche.

여행객 : 여기서 멉니까?

쎄 로앵 디씨?
C'est loin d'ici?

보행인 : 아닙니다. 2마일이 채 못됩니다.

농. 모앵 드 두 밀
Non. Moin de deux milles.

여행객 : 감사합니다.

메르씨
Merci.

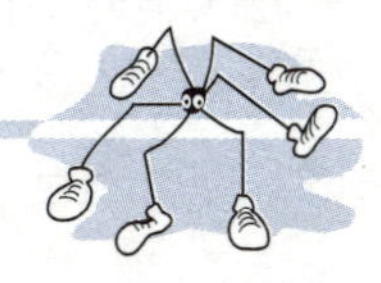

아, 여기가 소위 빠리구나.

아, 꼼 옹 디, 쎄 빠리!

Ah, comme on dit, c'est Paris!

휴양지에서

여행객 :	참으로 멋진 해수욕장이군!

꼼 쎄 뜬느 쁠라주 제니알!
Comme c'est une plage génial!

동행인 :	나와 같은 생각이시군요.

부 쟈베 라 멤므 이데 끄 모아
Vous avez la même idée que moi.

어디가서 뭣 좀 먹읍시다.

옹 바 알레 뿌르 프랑드르 껠끄 쇼즈
on va aller pour
prendre quelque chose.

여행객 : **점심식사 후 무얼할까요?**

Qu'est ce qu'on va faire après le déjeuner?

동행인 : **수상스키를 하고 싶습니다.**

Je voudrais faire du ski nautique.

여행객 : **그걸하면 좋겠군요.**

C'est bien.

동행인 : **저 모터보트 좀 보세요.**

Regardez ce bateau-là.

여행객 : **참 신나는군요!**

C'est amusant!

여행객 :　여기가 수상스키 타는 곳입니까?

옹 뿌 패르 뒤 스끼 노띠끄 이씨?
On peut faire du ski nautique, ici?

담당자 :　네, 그렇습니다.

요금을 내시고 준비하십시오.

위. 소와에 프레 아프레 자보아 빼이에.
Oui. Soyez prêt après avoir payé.

여행객 :　요금은 얼마입니까?

싸 꾸뜨 꽁비앙?
Ça coûte combien?

담당자 :　이것이 요금표입니다.

발라 노트르 샤르뜨 드 따리프
Voilà notre charte de tarif.

여행객 :　우리 차례는 언제옵니까?

깡 누 뿌봉 엉 패르?
Quand nous pouvons en faire?

담당자 :　차례를 기다려 주십시오.

아땅데
Attendez.

15분만 있으면 차례가 옵니다.

당 깽즈 미뉘뜨
Dans quinze minutes.

여행객 :　기다리다 지쳐버렸다.

쥬 쉬 에쀠제 다땅드르
Je suis épuisé d'attendre.

담당자 :　차례가 왔습니다.

보트르 뚜프
Votre tour.

여행객 :　우리 니스에 갑시다.
그리고 거기서 수영도 즐기고 윈드서핑도 즐깁시다.

옹 바 아 니스.
에 옹 바 패르 드 라 나따씨옹 에 뒤 쉬르프 아 보알
On va à Nice.
Et on va faire de la natation et du
surf à voile.

동행인 : **그 말씀 좋게 들립니다.**

싸 서레 비앙
Ça serait bien.

거리가 얼마나 되지요?

꽁비앙 뒤 땅 뒤르 띨?
Combien du temps dure-t-il?

여행객 : **차로 30분 걸립니다.**

싸 뒤르 트랑뜨 미뉘뜨 엉 봐뛰르
Ça dure trente minutes en voiture.

여행객 : **보드를 빌리고 싶습니다.**

쥬 브드레 루에 엉 바또
Je voudrais louer un bateau.

계원 : **여기 있습니다. 고르세요.**

뜨네. 쇼와지쎄
Tenez. Choisissez.

여행객 : **두 시간 쓰겠습니다. 요금 받으세요.**

쥬떨리저래 듀 져르.
뜨네 레 따르프
J'utiliserai deux heures.
Tenez les tarifs.

바람은 어때요?

꼬망 에 르 방?
Comment est le vent?

계원 : **안성맞춤의 바람입니다.**

르 방 에 빠르페
Le vent est parfait.

상 황
29

어디가 아프십니까?

께스 끼 느 바 빠?

Qu'est-ce qui ne va pas?

➤ 여행중 병원에서 (1)

여행객 : 여기 허리를 삐끗했습니다.

재 르 도 앙또르쎄
J'ai le dos entorsé.

의사 : 오른쪽으로 누우세요.

알롱제 부 아 도와뜨
Allongez-vous à droit.

여행객 : 저 좀 돌아눕혀 주시겠습니까?

애데 모아 아 프 뚜르네.
Aidez-moi à me tourner.

옆구리가 많이 아픕니다.

재 뒤 말 오 꼬떼
J'ai du mal au côté.

의사 : 어지럽습니까?

부 쟈베 라 떼뜨 끼 뚜른?
Vous avez la tête qui tourne?

환자 : 네, 머리가 아프고 어지럽습니다.

위. 재 뒤 말 라 떼뜨 에 라 엘 뚜른
Oui. J'ai du mal à tête et elle tourne.

의사 : 숨을 크게 쉬세요.

레스피레
Respirez.

숨을 내쉬세요.

엑스피레
Expirez.

숨을 들이마시십시오.

엥스피레
Inspirez.

숨을 잠깐 멈추세요.

스또뻬 드 레스피레 엉 쁘띠 모멍
Stoppez de respirer un petit moment.

상 황

30

드러 누우세요.

알롱제-부

Allongez-vous.

여행중 병원에서 (2)

환자 : **뱃 속에 가스가 찹니다.**

재 르 방트로 엉 쁠랭 뒤 가즈
J'ai le ventre en plen du gaz.

의사 : **숨 쉬기가 곤란합니까?**

부 자베 뒤 말 아 레스삐레?
Vous avez du mal à respirer?

환자 : **네, 그리고 화장실에 가고 싶습니다.**

위. 에 쥬 브드레 알레 오 또왈데뜨
Oui. Et je voudrais aller aux toilettes.

의사 : 수면제를 좀 드릴까요?

Vous voulez le somnifère?

환자 : 네, 부탁합니다.

Oui, s'il vous plaît.

간호사를 부르는 장치는 어디 있습니까?

Où est le bouton pour appeler l'infirmier?

의사 : 이걸 누르세요.

더 필요한 것이 있으면 말씀하세요.

Appuyez ce bouton.
Dites-moi si vous avez besoin de quelque chose plus.

환자 : 아니오, 감사합니다.

Non, merci.

1:　**화장실에 가고 싶습니다.**

쥬 브드레 알레 오 또알레뜨
Je voudrais aller aux toilettes.

2:　**소변이 보고 싶습니다.**

쥬 브드레 패르 삐삐
Je voudrais faire pipi.

3:　**대변이 보고 싶습니다.**

쥬 브드레 알레 아 라 쎌
Je voudrais aller à la selle.

4:　**마실 것 좀 주십시오.**

도네 모아 껠끄 쇼즈 아 보아
Donnez-moi
quelque chose à boire.

5:　**갑자기 뒤가 마렵습니다.**

부뤼스크망 쥬 브드레 알레 아 라 쎌
Brusquement, je voudrais aller
à la selle.

6 : 산책을 해도 됩니까?

뿨 주 므 프롬므네?
Puis-je me promener?

7 : 의자에 앉아도 됩니까?

뿨 주 마쏘아?
Puis-je m'assoir?

8 : 전화를 걸어도 되겠습니까?

뿨 주 뗄레포네?
Puis-je téléphoner?

9 : 담배 피워도 됩니까?

뿨 주 퓌메?
Puis-je fumer?

10 : 언제 퇴원하게 됩니까?

깡 뿨 주 소르띠르?
Quand puis-je sortir?

11 :　　　진통제를 좀 주시겠습니까?

라날제지끄 씰 부 쁠레.
L'analgésique, s'il vous plaît.

12 :　　　뭐 찬것 좀 주십시오.

도네 모아 껠끄 쇼즈 드 포와드
Donnez-moi quelque chose
de froide.

13 :　　　수면제를 좀 주시겠습니까?

르 쏨니패르, 씰 부 쁠레.
Le somnifère, s'il vous plaît.

14 :　　　숨쉬기가 곤란합니다.

재 뒤 말 아 레스피레
J'ai du mal à respirer.

15 :　　　피를 조금 뽑으려고 왔습니다.

쥬 쒸 브뉘 뿌르 패르 윈느 트랑스퓌지옹
드 쌍
Je suis venu pour faire une
transfusion de sang.

16 : **여기 약이 있습니다.**

뜨네 보트르 메디까망
Tenez votre médicament.

17 : **약을 드십시오.**

프러네 르 메디까망
Prenez le médicament.

18 : **식사를 다 하셨습니까?**

보트르 러빠 에 피니?
Votre repas est fini?

19 : **어지럽습니까?**

보트르 떼뜨 뚜른느?
Votre tête tourne?

20 : **토할 것 같습니까?**

브 블레 보미르?
Vous voulez vomir?

21 : **가만히 걸어보세요.**

Marchez tranquillement.

22 : **화장실에 가고 싶으십니까?**

Vous voulez aller aux toilettes?

23 : **어디 한번 봅시다.**

On va voir.

24 : **가만히 계세요.**

Ne bougez pas.

25 : **왼쪽으로 누우세요.**

Allongez-vous à gauche.

26 : **드러 누우세요.**

Allongez-vous.

27 : 엎드리세요.

알롱제 부 쉬르 르 방트르
Allongez-vous sur le ventre.

28 : 돌아 누우세요.

뚜르네 부
Tournez-vous.

가만히 누워계세요.

알롱제 부 쌍 부제
Allongez-vous sans bouger.

29 : 내려오세요.　올라가세요.

데쌍데　　　몽떼
Descendez.　Montez.

30 : 다 끝났습니다.

쎄 피니
C'est fini.

잠시 기다려 주세요.

아땅데 앙 모망
Attendez un moment.

31 : 편안히 쉬세요.

러쁘제 부
Reposez-vous.

32 : (나는)아프지 않습니다.

싸느 므 페 빠말
Ça ne me fait pas mal.

33 : 상체를 구부려 보세요. (웅크려 보세요)

앵끌리제 부 보트르 빠르띠 쉬뻬리어르 뒤
꼬르
Inclinez-vous votre partie
supérieur du corps.

34 : 화장실로 가세요.

알레 오 또왈레뜨
Allez aux toilettes.

35 : 쉬셔야 합니다.

부 드베 부 러쁘제
Vous devez vous reposer.

상황 31

소매치기를 당했어요.

쥬 므 쉬 패뜨 볼레 빠르 엉 삐끄뽀께
Je me suis fait voler par un pickpocket.

소매치기

여행객 : 도와주세요.

에 데 모아!
Aidez-moi!

내 지갑이 없어졌어요.

몽 뽀르뜨퍼이 에 디스빠뤼
Mon portefeuille est disparu.

보행인 : 기다리세요. 경찰을 부르겠습니다.

아땅데. 쟈블러레 라 뽈리스
Attendez. J'appelerai la police.

상 황

간 밤에 방 안에 도둑이 들었어요.

볼 러르 에 빠쎄 라 뉘 데르니에 당 마 샴브르

Le voleur est passé la nuit dernière dans ma chambre

32

도난사건

호텔측: 저런 이를 어쩌나! 무얼 도난 당했습니까?

몽 듀. 께스 끄 부 부 제뜨 패 볼레?

Mon dieu. Qu'est-ce que vous vous êtes fait voler?

여행객 : 운전면허증, 신용카드, 여행자수표와 현금이요.

페르미 드 꽁뒤르, 까르뜨 드 크레디, 세끄 드 바야쥐, 에 레 제스패스

permis de conduire, carte de crédit, chèque de voyage, et les espèces.

예정대로 여행할 수가 없어요.

쥬 느 뿌 빠 바야제 꼼 프레뷔

Je ne peux pas voyager comme prévu.

호텔측 : 신속한 조처를 하겠습니다.

옹 바 프랑드르 데 무쥐르 라피드망
On va prendre des mesures rapide-
ment.

여행객 : 부탁합니다.

씰 부 쁠레
S'il vous plaît.

사누르은행 : 사누르은행입니다. 도와드릴까요?

방끄 '사누르'. 쀠 주 부 제데?
Banque 'Sanour'. Puis-je vous aider?

여행객 : 신용카드를 도난당했습니다.

쥬 므 쉬 패 볼레 마 가르뜨 드 크레디
Je me suis fait voler ma carte de
crédit.

사누르은행 : 성함을 부탁합니다.

보트르 농 씰 부 쁠레
Votre nom, s'il vous plaît.

여행객 : 한국에서 온 김인수입니다.

인수 김 드 라 꼬레
In-Soo Kim de la Corée.

상 황

내 차가 뒤에서 받혔습니다.

윈느 바뛰르 메 랑트레 드당 엉 아리에르

Une voiture m'est rentrée dedans en arrière.

33

▶ 교통 사고

교통경찰 : **당신 실수가 아닙니다.**

쎄 빠 보드르 포뜨
C'est pas votre faute.

여행객 : **견인차 좀 불러주실까요?**

엉 트락떠르, 씰 부 쁠레?
Un tracteur, s'il vous plaît?

교통경찰 : **불러드리고 말고요.**

비아 쉬르
Bien sûr.

면허증 좀 보여주실까요?

도네 모아 보트르 빼르미 드 꽁뒤르
Donnez-moi votre permis de conduire.

상 황

6월 10일 빠리에서 니스까지 아침 비행기가 있습니까?

에스껄리아 라비옹 르 마땡 드 빠리 아 니스 르 디스 쥬엥?

34

Est-ce qu'il y a l'avion le matin de Paris à Nice le dix, juin?

여행국에서 비행기 예약:

여행사 : 네, 8시에 니스행 직행이 있습니다.

위. 일 이 아 라비옹 끼 에 디렉뜨 뿌르 니스
Oui. Il y a l'avion qui est direct pour Nice.

여행객 : 좋습니다. 그 비행기에 예약을 하겠습니다.

쎄 비앙. 쥬 브드레 레제르베 아 세 따비옹
C'est bien.
Je voudrais réserver à cet avion.

일등석(이등석)을 부탁합니다.

프리미에 끌라스(끌라스 뚜리스뜨) 씰 부 쁠레
première classe(classe touriste) s'il vous plaît.

상황

35

예약을 확인하려고 전화했습니다.

쥬 부 자뺄 뿌리 라 꽁피리마씨옹

Je vous appelle pour la confirmation.

▶ 예약이 유효한지 확인

Acme 여행사 : 날짜와 비행기 번호를 말씀해 주세요.

보트르 다뜨 에 뉘메로 드 볼, 씰 부 쁠레
Votre date et numéro de vol, s'il vous plaît.

여행객 : 6월 10일이고 비행기 번호는 707입니다.

르 디스 주앵 et 몽 뉘메로 드 볼 에 쎄 쌍 쎄뜨
Le dix juin et mon numéro de vol est sept cents sept.

Acme : 성함은?

Votre nom?

여행객 : 김인호입니다.

In-ho Kim.

Acme : 잠시만 기다리세요.

네, 예약이 유효한 것으로 재확인됐습니다.

Attendez. Oui. Je viens de confirmer
votre réservation.

상 황

비행기 예약을 변경하고 싶습니다.

쥬 브드레 샹제 드 레제르바씨옹

Je voudrais changer de réservation.

36

예약 변경

항공사 : **에어 프랑스 예약처입니다. 도와드릴까요?**

쎄르비스 드 레제르바씨옹 드 라 꽁빠니 에어 프랑스
뿨 주 부 제데?
Service de réservation de la compagnie
Air France.
Puis-je vous aider?

여행객 : **저는 김인호입니다.**

**6월 10일 아침 8시 비행기를 예약했었는데 변경
하려고 합니다.**

인호 김
재 레제르베 엉 아비용 아 위 떠르 뒤 마땡 오 디스,
주엥 메 쥬 브드레 샹제
In-Ho Kim.
J'ai réservé un avion à huit heures du
matin au dix juin mais je voudrais
changer.

항공사 : 어느 비행기편으로 바꾸시겠습니까?

껠 볼르 부 프레페레?
Quel vol vous préférez?

여행객 : 1시 출발 비행기편으로 바꾸고 싶습니다.
이용할 좌석이 있습니까?

르 볼 오 데빠르 아 윈 너르
에스낄리아 윈느 쁠라스 비드?
Le vol au départ à une heure.
Est-ce qu'il y a une place vide?

항공사 : 네, 자리가 있습니다.

위. 일 이 엉 아
Oui. Il y en a.

상 황

37

항공편 예약을 재확인하고 싶습니다.

쥬 브드레 꽁피르메 마 레제르바씨옹
Je voudrais confirmer ma réservation.

▶ 귀국 비행기 예약 재확인

항공사 : 성함과 비행기 번호를 알려주세요.

보트르 농 에 뉘메로 뒤 볼 씰 부 쁠레
Votre nom et numéro du vol, s'il vous plaît.

여행객 : 김인호입니다.

505 비행기편입니다.

인호 김
르 볼 쌩 쌍 쌩끄
In-Ho Kim.
Le vol cinq cents cinq.

항공사 : **5월 10일 오후 2시 서울행이었지요?**

C'est le vol pour Séoul à quatorze heures le dix mai?

여행객 : **맞습니다.**

위
Oui.

항공사 : **좋습니다.**

예약이 재확인 되었습니다.

쎄 비앙
쥬 비앙 드 꽁피르메 보트르 레제르바씨옹.
C'est bien.
Je viens de confirmer votre réservation.

지금 호텔을 나가고 싶습니다.

쥬 브드레 소르띠르 드 세 또뗄
Je voudrais sortir de cet hôtel.

▶ 호텔에서 계산을 하고 나올 때

호텔 : 성함과 방 번호를 말씀해 주세요.

보트르 농 에 뉘메로 드 샹브르. 씰 부 쁠레
Votre nom et numéro de chambre, s'il vous plaît.

여행객 : 김인호이고 505 호실입니다.

인호 김 에 르 뉘메로 드 샹브르 에 쌩 쌍 쌩끄
In-Ho Kim et le numéro de chambre est cinq cents cinq.

호텔 : 세금과 서비스 요금을 포함해서 300 프랑 되겠습니다.

싸 꾸뜨 트와 쌍 프랑 이 꽁프리 르 딱스 에 르 쎄르비스
Ça coûte trois cent francs y compris le taxe et le service.

여행객 : 여행자수표로 지불하고 싶습니다.

쥬 브드레 레글레 엉 세끄드 바야쥐
Je voudrais régler en chèque de voyage.

여기 있습니다.

뜨네
Tenez.

호텔 : 감사합니다.
저희 호텔에 투숙하셔서 즐거우셨습니까?

메르씨
부 자베 빠쎄 데 주르 아그레아블르 아 노트로 오뗄?
Merci.
Vous avez passé des jours agréables à notre hôtel?

여행객 : 네, 대단히 즐거웠습니다.

위. 트레 아그레아블르망
Oui, très agréablement.

호텔 : 여기저기 여행하는 것을 좋아하십니까?

애매 부 바야제?
Aimez-vous voyager?

여행객 : 그렇습니다.

위
Oui.

호텔 : 훗날 다시 오시게 되면 여러날 동안 묵다 가십시오.

드머레 아 노트르 오뗄 깡 부 러브네 엉 쥬르
Demeurez à notre hôtel queand vous revenez un jour.

여행객 : 꼭 그렇게 하지요.

비앙 에비당망
Bien évidemment.

1. 번화가	뤼 아니메	rue animée
2. 영업시간	어르 두베르뛰르	heure d'ouverture
3. 상점	마가쟁	magasin
4. 가격표	따리프	tarif
5. 가락국수집	레스또랑 드 누이 패 맹	
	restaurant de nouilles fait main	
6. 가발	빼뤼끄	perruque
7. 여행용가방	바가쥐	bagage
멜빵가방	삭 엉 방둘리에	sac en bandoulier
서류가방	세르비에뜨	serviette
큰가방	발리즈	valise
8. 가을	오똔ㄴ	automne

8,9,10월 (영국에서)

우뜨, 셉땅브르, 옥또브르(아 랑글레떼르)

Août, septembre, octobre(à l'Anglettere)

9,10,11월 (북반극에서)

셉땅브르, 옥또브르, 노방브르(오 노르)

Septembre, octobre, novembre(au Nord)

9,10,11월 (미국에서)

셉땅브르, 옥또브르, 노방브르(오 제따쥐니)

Septembre, octobre, novembre(aux Etats-Unis)

키
포
인
트

9. 가전제품   엘렉트로메나제
              électroménager

10. 모조품   이미따씨옹   imitation

     위조품 · 가짜   포   faux

     사기꾼   에스크로   escroc

     위조지폐   포 비이에   faux billet

     위조수표   포쓰 쉐끄   fausse chèque

11. 위험   당제   danger

12. 경찰관 파출소   뽈리스   police

13. 경치   센느   scène

     조망   빼이쟈쥐   paysage

14. 산수의 경치   빼이쟈쥐 드 라 몽딴느
              paysage de la montagne

15. 바다의 경치   빼이쟈쥐 드 라 메르
              paysage de la mer

16. 시골 경치   빼이쟈쥐 드 라 깜빤느
              paysage de la campagne

17. 아름다운 경치　　보 빼이쟈쥐　　beau paysage

18. 경치 좋은 곳　　벨 앙동와　　bel endroit

19. 경치가 좋다　　쎄 떵 빼이쟈쥐 마니피끄
C'est un paysage magnifique

20. 확트인 경치를 내려다 보다　아보아 뷔 쉬르 빼이쟈쥐 우베르
avoir vue sur paysage ouvert

21. 관광 기념품　　수브니르　　souvenir

22. 기념품 매장　　부니끄 드 수브니르
boutique de souvenirs

23. 관광 안내소　　오피스 드 뚜리즘
office de tourisme

24. 관광호텔　　오뗄 뚜리스띠끄
hôtel touristique

25. 유람 여행　　바야쥐 드 뚜리즘
voyage de tourisme

26. 관광지　　시뜨 뚜리스띠끄　　site touristique

27. 시내관광   뚜리즘 엉 빌   tourisme en ville

28. 관광 안내자   기드 뚜리스띠끄   guide touristique

29. 백화점 매장감독(안내)

꽁트롤 드 그랑 마가쟁(앵포르마씨옹)
contrôle de grand magasin(information)

30. 단체여행   바야쥐 엉 그룹   voyage en group

31. 단체행동   악씨옹 꼴렉띠브   action collective

32. 야간비행   볼 드 뉘   vol de nuit

33. 여객기의 객실 승무원   에끼빠쥐 덩 아비옹
équipage d'un avion
(스튜어디스, 호우스티스 등의 대용어로 성별을 피한 말)

34. 항공회사의   볼 드 꽁빠니 아에리엔
비행 편   vol de campagnie aérienne

35. 비행기 여행   바야쥐 엉 아비옹
(항공여행)   voyage en avion

36. 여객기의 좌석등급   드그레 드 씨에쥐
degrée de siège

♣ 요금이 높은 순으로

(1) 프리미에 끌라스(프리미에 그라드, 프리미에 드그레)
première classe(premier grade, premier degré)
(2) 끌라스 드 비지니즈
classe de business
(3) 끌라스 에꼬노미끄(뻬블릭, 오르디네르)
classe économique(public, ordinaire)
(4) 끌라스 뚜리스띠끄(뻬블릭, 오르디네르)
classe touriste(public, ordinaire)

37. 객석의 특별2등   끌라스 뚜리스뜨 스페시알
                 classe touriste spéciale
                 (first class와 tourist class의 중간)

38. 기장   꼬망당 드 보르
                 commandant de bord

39. 비행기의 여자승무원   오떼스 드 레르   hôtesse de l'air

40. 태평양횡단비행   트라베르쎄 드 라 빠시피끄 엉 아비옹
                 traversée de la Pacifique en avion

41. 무착륙 비행   볼 쌍 아떼리샤쥐
                 vol sans atterrissage

    선회 비행   볼 씨르뀔레르   vol circulaire
    저공 비행   볼 아 알띠뛰드 바쓰
                 vol à altitude basse

    고공 비행   볼 아 오뜨 알띠뛰드
                 vol à haute altitude

    장거리 비행   볼 아 롱그 디스땅스
                 vol à longue distance

    직선 비행   볼 디렉뜨   vol direct

42. 항공관제(소)　　　꽁트롤　　　　　　contrôle
　　관제탑　　　　　　뚜르 드 꽁트롤　tour de contrôle

43. 비행기록장치　　　복스 노아
　　　　　　　　　　　boxe noir

44. 탑승하는항공기관사　삘로뜨　　　　　pilote

45. 비행경로　　　　　보아 드 볼　　　voie de vol

46. 비행편 번호　　　　뉘메로 드 볼　　numéro de vol

47. 활주로　　　　　　삐스뜨　　　　　piste

48. 계단, 층계　　　　에스깔리에　　　escalier

49. 김포공항　　　　　아에로뽀르 드 김포
　　　　　　　　　　　aéroport de Kimpo

50. 공항 택시　　　　　딱씨 다에로뽀르　taxi d'aéroport

51. 면세점　　　　　　마가쟁 쌍 드완
　　　　　　　　　　　magasin sans douane

52. 면세품   아띠끌 데딱세

article détaxé

53. 호텔의 로비   끌로와   coulor
(응접실·휴게실)

54. 호텔보이   리프띠에   liftier

55. 호텔의 객실담당원   프레보제 드 샹브르 도뗄

préposé de chambre d'hôtel

56. 객실 번호   뉘메로 드 샹브르

numéro de chambre

57. 호텔·하숙 등에서 방에서 식사를 날라다 주는

쎄르비스   service

58. 영국의 민박풍호텔   오뗄러리   hôtellerie

59. 간이숙박소   오베르쥐

auberge

60. 1인실   샹브르 뿌르 윈느
chambre pour une

2인실   샹브르 뿌르 두
chambre pour deux

싱글베드가 두개의 방   샹브르 아베끄 두 리
chambre avec deux lits

61. 호텔·극장 등의 휴대품 일시 보관소
꽁씬느   consigne

62. 짐표원   리프띠에   liftier

63. 수하물 꼬리표   띠께 드 꽁씬느
ticket de consigne

64. 수하물 계원   꽁씬느 다에로뽀르
consigne d'aéroport

65. 수화물 중량제한   리미따씨옹 드 리브레종 데 바가쥐
limitation de livraison des bagages

66. 호화객실(한벌의 방)　샹브르 뤽쉬우즈
chambre luxueuse

67. 경식당　쁘띠 레스또랑　petit restaurant

68. 호텔요금　따리프 오뗄리에　tarif hôtelier

69. 숙박료 청구서　노뜨 드 따리프　note de tarif

70. 관광지의 호텔　오뗄 오 시뜨 뚜리스띠끄
hôtel au site touristique

71. 1박 3식의 요금　따리프 뿌드 빵씨옹 꽁쁠레뜨
tarif pour pension complète

72. 아침식사 포함 요금　따리프 꽁프리 르 쁘띠 데쥬네
tarif compris le petit-déjeuner

73. 1박 2식 요금　따리프 뿌르 두 러파
tarif pour deux repas

74. 청소나 침대정리를　팜 드 샹브르
하는 여성　femme de chambre

75. 투숙객의 편의를 살펴주는 부서(세탁·옷·구두닦이)
뽀스뜨 드 세르비스
poste de service

76. 환전	샹쥐	change
환전소	뷔로 드 샹쥐	
	bureau de change	
77. 세관 신고	데끌라라씨옹 드 딱스	
	déclaration de taxe	
78. 세관에서 신고하다	데끌라레 아 라 드완느	
	déclarer à la douane	
신고품이 있습니까?	부 자베 껠끄 쇼즈 아 데끌라레	
	Vous avez quelque chose à déclarer?	
79. 예약필 (게시)	레제르바씨옹 네쎄세르(빠노)	
	réservation nécessaire(panneau)	
80. 예약 · 예약실	쌀 드 레제르바씨옹	
	salle de réservation	
81. 호텔예약 담당직원	앙쁠로아에 샤르제 르 레제르바씨옹	
	employé chargé de réservation	
82. 자동차의 주유소	가라쥐	garage
83. 음식의 1인분	쁠라 부르 윈느 뻬르 쏜느(보아쏭)	
한끼분의 음식 (음료)	plats pour une personne(boisson)	

상황

39

알려드립니다.

쥬 부 젱포름므

Je vous informe.

▶ 탑승하라는 방송 (1)

여러분 알려드립니다.
대한항공 서울행 10편 탑승객은 7번 탑승구로 탑
승하시기 바랍니다.

쥬 부 젱포름므
레 빠쌰제 쏭 프리에 당바르께 볼 뉘메로 디쓰 디렉씨
옹 아 세울 드 코리아 에어라인 아 라 뽀르뜨 쎄뜨
Je vous informe.
Les passagers sont priés d'embarquer
vol numéro dix direction à Séoul de
Korea Airline à la porte sept.

여러분 알려드립니다.
대한항공 서울행 10편 탑승객은 7번 탑승구로 탑
승하시기 바랍니다.

쥬 부 젱포름므
레 빠씨제 쏭 프리에 당바르께 볼 뉘메로 디쓰 디렉씨
옹 아 세울 드 코리아 에어라인 아 라 뽀르뜨 쎄뜨
Je vous informe.
Les passagers sont priés d'embarquer
vol numéro dix direction à Séoul de
Korea Airline à la porte sept.

서울행 10편 비행기는 정시에 출발 (도착) 할 예정
입니다.

볼 디스 디렉씨옹 아 세울 데꼴러나(아리버라) 아 러르
Vol dix direction à Séoul décollera(arri
vera) à l'heure.

공항카운터에서 : 금연석에 창 옆좌석으로 주십시오.

쁠라스 농 피어르 에 아 꼬떼 드 프네트르, 씰 부 쁠레
place non fumeurs et à côte de fenêtre,
s'il vous plaît.

면세품을 사고 싶습니다.

쥬 브드레 아쉬떼 레 자띠끌 데딱세

Je voudrais acheter les articles détaxés.

➤ 면세품 구입

여행객 : 면세점이 어디에 있습니까?

우 에 르 마가쟁 샹 드완느?
Où est le magasin sans douane?

다른여행객 : 저도 방향이 같습니다.

저를 따라 오십시오.

쎄 라 멤므 디렉씨옹 끄 모아
브네
C'est la même direction que moi.
Venez.

여행객 : 감사합니다.

메르씨
Merci.

면세점 : 도와드릴까요?

Puis-je vous aider?

여행객 : 담배 한 상자 주십시오.

엉 빠께드 다바 씰 부 쁠레
Un paquet de tabac, s'il vous plaît.

면세점 : 그외 사실 것이 있으십니까?

아베끄 쓰씨?
Avec ceci?

여행객 : 저 향수도 주세요.

쓰 빠르팽과 오씨
Ce parfum-là aussi.

영수증 부탁합니다.

도네모아 엉 러쉬
Donnez-moi un reçu.

부록 1 — 총 정리 / 총 점검

1. 항공편 전화 예약

니스행 항공편을 예약하고 싶습니다.

쥬 브드레 레제르베 르 볼 뿌르 니스
Je voudrais réserver le vol pour Nice.

2. 항공권 구입

니스행 편도 항공권 한 장 구입하고 싶습니다.

쥬 브드레 아쉬떼 엉 비이에 뿌르 알레 쌩쁠 디렉씨옹 니스
Je voudrais acheter un billet pour aller simple direction Nice.

3. 항공편 예약 재확인

나의 이름은 김인호입니다.
항공편 예약을 재확인하고 싶습니다.

쥬 마뻴 인호 김
쥬 브드레 꽁피르에 라 레제르바씨옹 드 볼
Je m'appelle In-Ho Kim.
Je voudrais confirmer la réservation de vol.

4. 항공편 예약 취소

예약을 취소하고 싶습니다.

쥬 브드레 아뉠레 라 레제르바씨옹
Je voudrais annuler la réservation.

5. 다른 항공기편으로 예약 변경

밤 아홉시에 출발하는 비행기로 예약을 바꾸고 싶습니다.

쥬 브드레 샹제 드 볼 뿌르 빠르띠르 아 너버르 뒤 소아
Je voudrais changer de vol pour partir à neuve heure du soir.

6. 도움을 청함

이것이 나의 좌석번호인데 좀 찾아서 앉혀주시겠습니까?

발라 몽 뉘메로 드 쁠라쓰. 에데 모아 아르세르세?
Voilà mon numéro de place. Aidez-moi à le chercher?

7. 요 구

베개와 담요를 쓰고 싶습니다.

오레이에 에 꾸베르뛰르, 씰 부 쁠레
oreiller et couverture, s'il vous plaît.

8. 지 불

여행자[한화로] 지불할 수 있습니까?

뿨 주 레글레 엉 세끄 드 바야쥐(빠르 원)?
Puis-je régler en chèque de voyage(par Won)?

9. 구 토

토할 것 같습니다.

재 앙비 드 보미르
J'ai envie de vomir.

10. 마실 것

마실 것 좀 주시겠어요?

Donnez-moi quelque chose à boire?

11. 먹을 것

무엇을 좀 먹고 싶습니다.

쥬 브드레 망제 껠끄 쇼즈
Je voudrais manger quelque chose.

12. 어지러움

나는 어지럽습니다.

마 떼뜨 뚜른느
Ma tête tourne.

13. 통과여객

나는 통과여객입니다.

쥬 쉬 빠싸제
Je suis passager.

나는 비행기를 갈아타야 합니다.

쥬 도아 패르 드 라 꼬레스뽕당스
Je dois faire de la correspondance.

14. 목 적

관광차

뿌르 뚜리즘
pour tourisme.

사업차

뿌르 아페르
pour affaires

15. 수하물

실례지만 수하물 찾는 곳이 어디에 있습니까?

우 에 라 꽁씬느?
Où est la consigne?

16. 세관검사

신고할 것이 없습니다.

쥬 네 리앙 아 데끌라레
Je n'ai rien à déclarer.

17. 영수증[보관증]

영수증[보관증]을 주십시오.

도네 모아 보트르 러쉬
Donnez-moi votre reçu.

18. 환 전

한화를 프랑으로 바꾸고 싶습니다.

쥬 브드레 샹제 원 드 프랑
Je voudrais changer Won de Francs.

동전으로 주세요.

뿨주 아보아 드 라 모네?
Puis-je avoir de la monnaie?

프랑스 지폐로 주시겠어요?

뿨주 아보아 뒤 비에 프랑세
Puis-je avoir du billet français?

19. 임대차

차를 빌리고 싶습니다.

쥬 브드레 루에 윈느 봐뛰르
Je voudrais louer une voiture.

전세차

봐뛰르 드 로까씨옹 쉬르 데뽀
voiture de location sur dépôt.

20. 여행사 알선 여행

우리는 여행사 알선 여행자들입니다.

누 쏨 뚜리스뜨 빠르 아쟝스 드 뚜리즘
Nous sommes touristes par agence de tourisme.

우리는 안내자의 인솔을 받는 관광객입니다.

누 쏨 뚜리스뜨 빠르 르 기드
Nous sommes touristes par le guide.

21. 관광버스

이것이 우리의 관광버스입니다.

봐씨 느트르 뷔스 뚜리스띠끄
Voici notre bus touristique.

22. 소요시간

거기에 도착하는데 얼마의 시간이 걸립니까?

꽁비앙 뒤 땅 뒤르띨 뿌르 이 알레?
Combien du temps dure-t-il pour y aller?

23. 거   리

거리가 얼마나 됩니까?

아 껠 디스땅스 쏨 누 디씨?
A quelle distance sommes-nous d'ici?

24. 버스운전사

나는 여기가 초행입니다. 발리까지 갑니다.

도착하면 내리라고 일러주세요.

쥬 쉬 에트랑제. 누 잘롱 아 라 갸르 드 레스트
패뜨 모아 씬느 뿌르 끄 쥬 데쌍드
Je suis étranger. Nous allons à la gare de l'Est.
Faites-moi signe pour que je descende.

25. 버스에 타고 확인

이것이 몽마르뜨행 버스 맞습니까?

부 잘레 아 몽빠르나쓰?
Vous allez à Montparnasse?

26. 어디에서 탈 수 있습니까?

우 쀠 주 프랑드르?
Où puis-je prendre?

27. 택 시

몽마르뜨까지 갑시다.

알롱 아 몽빠르나쓰
Allons à Montparnasse.

요금이 얼마입니까?

싸 꾸뜨 꽁비앙?
ça coûte combien?

거스름 돈은 넣어두세요.

가르데 라 모네
Gardez la monnaie.

28. 이 근방에 버스 정거장이 있습니까?

이 아 띨 라레 드 뷔스 프레 디씨?
Y a-t-il l'arrêt de bus près d'ici?

이 근방에 한국식당이 있습니까?

이 아 띨 르 레스또랑 꼬레앙 프레 디씨?
Y a-t-il le restaurant coréen près d'ici?

29. 호텔 예약

이틀 동안 묵을 방을 예약하고 싶습니다.

쥬 부드레 레제르베 윈느 샹브르 뿌르 두 쥬르
Je voudrais réserver une chambre pour deux jours.

경치 좋은 방을 원합니다.

쥬 부드레 윈느 샹브로 아베끄 본느 뷔
Je voudrais une chambre avec bonne vue.

햇볕이 잘 드는 방을 원합니다.

쥬 부드레 윈느 샹브르 끼 프랑 보끄 드 솔레이
Je voudrais une chambre qui prend beaucoup de soleil.

그 호텔은 몇 층 건물입니까?

꽁비앙 데따쥐 아 띨 쎄 또뗄?
Combien d'étages a-t-il cet hôtel?

김인호란 이름으로 예약하고 왔습니다.

재 레제르베 오 농 뒌호 김
J'ai réservé au nom d'In-Ho Kim.

30. 잠을 깨우는 전화

내일 아침 6시 30분에 깨워줄 수 있습니까?

뿌베 부 므 레베이에 아 씨저르 트랑뜨 드망 마땡?
Pouvez-vous me réveiller à six heures trente demain matin?

31. 물표를 받고 짐을 맡김

이 짐을 맡길 수 있습니까?

뿌메 부 가르데 스 바가쉬?
Pouvez-vous garder ce bagage?

귀중품을 맡길 수 있습니까?

뿌메 부 가르데 로브제 프레시으?
Pouvez-vous garder l'objet précieux?

32. 열쇠문제

렌터카 안에 열쇠를 두고 문을 잠그었습니다.

재 패르메 라 뿌르뜨 드 라 봐뛰르 드 로까씨옹 엉 래쌍 르 끌레 드당
J'ai fermé la porte de la voiture de location en laissant le clef dedans.

방 안에 열쇠를 둔채 문을 잠그었습니다.

재 패르메 라 뿌르뜨 드 라 샹브르 엉 래쌍 르 끌레 뜨당
J'ai fermé la porte de la chambre en laissant le chef dedans.

33. 식당 예약

두 사람이 식사할 창가 테이블을 예약하고 싶습니다.

쥬 부드레 레제르베 윈느 따블르 뿌르 두 빼르손 아 꼬떼 드 라 프네트르
Je voudrais réserver une table pour deux personnes à côté de la fenêtre.

34. 식사 주문

두 사람이 먹을 모듬 요리 주세요.

도네모아 레 쁠라 믹스트 뿌르 두 빼르손
Donnez-moi les plats mixtes pour deux personnes.

35. 열차의 좌석 예약

스트라스부르흐행 열차의 좌석을 예약하고 싶습니다.

쥬 부드레 레제르베 윈느 쁠라스 드 트랭 디렉씨옹 스트라스부르흐
Je voudrais réserver une place de train
direction Strasbourg.

완행열차입니까? 직행열차입니까?

알레 랑뜨망? 알레 디렉뜨망?
Aller lentement? Aller directement?

36. 침대객차를 원합니다.

쥬 부드레 꾸세뜨　　　Je voudrais couchette.

37. 몇 호선

스트라스부르흐행 열차는 몇 호선입니까?

스 트랑 디렉씨옹 스트라스부르흐 에 껠 린느?
Ce train direction Strasbourg est quelle
ligne?

3번선인가요? 4번선인가요?

린 드 트와? 린 드 까트르?
Ligne de trois? Ligne de quatre?

38. 몇 정거장

나씨옹까지는 몇 정거장?

꽁비앙 다레 아 나씨옹?
Combien d'arrêts à Nation.?

39. 유람선

유람선은 어디서 탑니까?

Où puis-je prendre le bateau de plaisance?

40. 멀 미

나는 배멀미를 한다. [차멀미 · 비행기멀미]

재 말 드 메르(드 봐뛰르, 드래르)

J'ai mal de mer.(de voiture, de l'air)

41. 항공우편

항공우편으로 한국에 편지를 보내고 싶습니다.

쥬 부드레 랑보아 빠르 아비옹 뿌르 라 꼬레

Je voudrais l'envoi par avion pour la Corée.

42. 속달 소포

한국에 이 소포를 속달로 보내고 싶습니다.

쥬 부드레 앙보아예 스 꼴리 빠르 엑스프레 뿌르 라 꼬레

Je voudrais envoyer ce colis par exprès
pour la Corée.

43. 서울로 전화

서울로 해외전화를 하고 싶습니다.
요금 수신인 지불통화입니다.

쥬 부드레 뗄레포네 아 에트랑제

Je voudrais téléphoner à l'étranger.

쎄 라 꼬뮈니까씨옹 엉 뻬쎄베

C'est la communicaition en PCV.

전화번호는 02-730-7685. 나의 이름은 김인호. 여기 번호
는 208-9030

뉘메로 드 뗄레폰 에 제로 두 셋 쌍 트랑뜨 소와쌍뜨 세즈 까르뜨 뱅 쌩끄
쥬 마뻴 인호 김
몽 뉘메로 드 뗄레폰 에 두 쌍 위뜨 까트르뱅디쓰 트랑뜨
Numéro de téléphone est zéro deux sept cents
trente soixante-seize quatre-vingt cinq.
Je m'appelle In-Ho Kim.
Mon numéro de téléphone est deux cents huit
quatre-vingt-dix trente.

44. 선물용으로 포장

앙발라쥐 뿌르 까도   emballage pour cadeau

45. 소포용으로 포장

앙발라쥐 뿌르 꼴리   emballage pour colis

46. 국가번호 · 도시번호

한국 전신 번호 좀 일러주시겠습니까?

쀠 주 아보아 르 뉘메로 드 뗄레그라피 꼬레엔느?
Puis-je avoir le numéro de télégraphie coéenne?

서울의 전신 번호는 무엇입니까?

께스끄 쎄 르 뉘메로 드 뗄레그라피 드 세울?
Qu'est-ce que c'est le numéro de
télégraphie de Séoul?

47. 호텔에서 여행국 국내전화.

서울에 스떼이숀 콜을 부탁합니다.

쥬 부드레 라 꼬뮈니까씨옹 아 쎄울
Je voudrais la communication à Séoul.

48. 전화요금

요금은 제 방으로 청구해 주세요.

Demandez le tarif par ma chambre.

49. 직통전화 한국으로

로르드르 1. 제로 엉엉(꼬드 드 꼬망드 앵떼르나쇼날)
l'ordre un zéro, un, un (code de commande internationale)
로르드르 2. 디세뜨(꼬드 드 라 꼬레)
l'ordre deux, dix-sept(code de la Coréa)
로르드르 3. 두(꼬드 드 세울)
l'ordre trois, deux(code de Séoul)
로르드르 4.
셋 쌍 까트르 뱅 쌩끄 뱅 까트르 쌩깡뜨(뉘메로 드 뗄레폰 뒤 로뀌떠르)
L'ordre quatre. sept cents quatre-vingt cinq, vingt-quatre, cinquante(numéro de téléphone du locuteur)

50. 나는 김인수와 통화하고 싶습니다.

쥬 부드레 빠흘레 아 인수 김
Je voudrais parler à In Soo Kim.

51. 공중전화

이 근처에 공중전화가 있습니까?

이 아 띨 르 까비네 드 뗄레폰 프레 디씨?
Y a-t-il le cabinet de téléphone près d'ici?

52. 상품 판매

여기서 선글라스 · 색안경을 팝니까?

부 방데 레 뤼네뜨 드 솔레이. 뗑떼?
Vous vendez les lunettes de soleil. Teinté?

53. 배 달

호텔까지 배달해 줄 수 있습니까?

부 뿌베 델리베레 아 로뗄?
Vous pouvez délivrer à l'hôtel?

54. 관광명소

여기서 최고로 꼽히는 관광명소는 무엇입니까?

께스끄 쎄 르 프리미에 씨뜨 뚜리스띠끄?
Qu'est-ce que c'est le premier site
touristique?

55. 시내구경

시내구경을 하고 싶습니다.

쥬 부드레 르 바야쥐 엉 빌
Je voudrais le voyage en ville.

56. 안내 의뢰

안내해 주시겠습니까?

뿌베 부 므 기데?
Pouvez-vous me guider?

57. 처 방

처방전대로 약을 지어주십시오.

도네모아 르 메디까망 꼼 프레스크립씨옹
Donnez-moi le médicament comme
préscription.

58. 주　사

주사를 맞을 수 있을까요? 열이 있습니다.

엥젝씨옹, 씰 부 쁠레? 재 드 라 피에브르
Injection, s'il vous plaît? J'ai de la fièvre.

59. 분　실

돈지갑을 분실했습니다.

재 빼르뒤 몽 뽀르또포이
J'ai perdu mon portefeuille.

60. 도　난

돈지갑을 소매치기 당했습니다.

쥬 무 쉬 패 볼레 몽 보르뜨포이
Je me suis fait voler mon portefeuille.

61. 둔채 잊고 가다.

실례합니다. 제 카메라를 버스 안에 놓고 내렸습니다.

빠르동. 쥬 쉬 데쌍뒤 엉 래쌍 몽 까메라 당 르 뷔스
Pardon. Je suis descendu en laissant mon
caméra dans le bus.

62. 선　물

딸에게 줄 생일선물입니다.

쎄 떵 까도 뿌르 마 삐이
C'est un cadeau pour ma fille.

63. 도난 신고

도난 신고하고 싶습니다.

Je voudrais la déclaration de vol.

64. 매니저

매니저 좀 불러주세요.

아쁠레 모아 르 디렉떠르
Appellez-moi le directeur.

65. 찾는 짐이 없을 때

짐을 찾을 수 없습니다.

쥬 느 뿌 빠 세르세 몽 바가쥐
Je ne peux pas chercher mon bagage.

66. 교통사고

한국에서 온 김인수입니다 교통사고를 냈습니다.

인수 김 드 라 꼬레. 재 위 락시땅 드 봐뛰르
In-Soo Kim de la Corée. J'ai eu l'accident
de voiture.

67. 부 상

왼쪽 팔에 부상을 입었습니다.

쥬 쉬 블레쎄 오 브라 고쉬
Je suis blessé au bras gauche.

68. 호텔로 연락

제 가방을 찾는대로 연락해 주십시오.

꽁딱떼 모아 데 끄 부 세르시에 몽 바가쥐
Contactez-moi dès que vous cherchiez mon
bagage.

69. 탑승 수속

서울행 KAL 205기의 탑승 수속을 어디서 합니까?

우 쀠 쥬 패 라 포르말리떼 당 바르끄망 드 볼 칼 두 쌍 쌩
끄 디렉씨옹 세울
Où puis-je faire la formalité d'em
barquement de vol KAL deux cents cinq
direction Séoul.

70. 송이

포도 한 송이 주십시오.

어 그라쁘 드 라쟁, 씰 부 쁠레
Un grappe de raisin, s'il vous plaît.

71. 감   사

도와주셔서 감사합니다.

메르씨 드 마보아 에데
Merci de m'avoir aidé.

고맙습니다.

메르씨   Merci.

아닙니다. 괜찮습니다.

농, 메르씨   Non, merci.

72. 사례에 답

천만에요.

드 리아
De rien.

73. 사과·유감·아쉬움

발을 밟았나요? 죄송해요.

재 마르세 쉬르 르 보트르 삐에? 빠르동
J'ai marché sur votre pied? Pardon.

유감이지만 갈 수가 없습니다.

쥬 쉬 데졸레 메 쥬 느 뿌 빠 이 마레.
Je suis désolé mais je ne peux pas y aller.

74. 실   례

실례지만 잠깐 [잠깐만 실례하겠습니다. 잠깐 무엇 좀 물어보겠습니다 등]

익스큐제 모아
Excusez-moi.

75. 정중한 의뢰나 권유

커피 한 잔 드시겠습니까?

부 블레 프랑드르 윈느 드 따스 드 까페?
Vous voulez prendre une tasse de café?

76. 바라다, 원하다 · 갖고 싶다.

나는 ~을 원한다 · 갖고 싶다.

쥬 부드레 - Je voudrais ____.

나는 새 차를 (몹시) 갖고 싶다.

쥬 부드레 아보아(뗄르망) 윈느 누벨 봐 뛰르
Je voudrais avoir(tellement) une nouvelle voiture.

나는 ~하기를 원한다 · 바란다. ~하고 싶다.

쥬 부드레 * 수에뜨 * 부르레 아보아
Je voudrais * souhaite * voudrais avoir

시내에 가고 싶다.

쥬 부드레 알레 오 쌍트르 드 빌
Je voudrais aller au centre de ville.

77. 필 요

너는 ~할 필요가 있다. 너는 ~하지 않으면 안 된다.
즉시 의사의 진찰을 받아야 하겠다.

뛰아 브주앙 드 ____. 뛰 도아 ____.
뛰 도아 꼼쉴떼 르 독떠르 뚜 드 쉬뜨
Tu as besoin de ____. Tu dois ____.
Tu dois consulter le docteur tout de suite.

78. 강한 선택

나는 ~하는 쪽이[편이] 낫다.
쎄 뮤 드 패르 ____ - C'est mieux de faire ____.

나는 갈비를 먹는 편이 낫겠어요.

쥬 프레패르 프랑드르 갈비 Je préfère prendre Galbi.

79. 허 가

내가 ~해도 좋습니까?

뿨 주 _____? - Puis-je _____?

여기서 담배를 피워도 좋습니까? 네, 좋습니다.

뿨 주 퓌메 이씨? 위.

Puis-je fumer ici? Oui.

사적인 질문을 해도 좋습니까?

뿨 주 뽀제 윈느 께쓰띠옹 뻬르쏘넬?

Puis-je poser une question   personnelle?

80. 정중한 표현

저는 ~을 원합니다.

쥬 부드레 _____ - Je voudrais _____.

커피 한 잔을 원합니다.

쥬 부드레 윈느 따스 드 까페

Je voudrais une tasse de café.

저는 ~하기를 원합니다.

쥬 부드레 패르 _____ - Je voudrais faire _____.

저는 미스터 브라운을 면회하기 원합니다.

쥬 부드레 랑꽁트레 뮤슈 브라운

Je voudrais rencontrer Monsieur Brown.

당신을 만나뵙고 싶습니다.

쥬 부드레 부 랑꽁트레

Je voudrais vous rencontrer.

81. 예 정

나는 ~할 예정입니다.

재 르 프로재 드 ___ - J'ai le projet de ____.

나는 시내를 구경할 예정입니다.

재 르 프로재 드 패르 르 뚜르 엉 빌
J'ai le projet de faire le tour en ville.

장소에 갈 예정

나는 발리에 갈 예정입니다. [갑니다]

재 르 프로제 달레 아 발리
J'ai le projet d'aller à Bali.

수퍼마켓에 갈 예정입니다.

재 르 프로제 달레 오 마르세
J'ai le projet d'aller au marché.

82. 상대방의 예정 [언제·누가·어디서·무엇을·어떻게·왜]

언제 가실 예정입니까?

깡 부 잘레?
Quand vous allez?

누구를 만날 예정입니까?

부 랑꽁트러레 아베끄 끼?
Vous rencontrerez avec qui?

어디에서 식사하실 예정입니까?

우 부 잘레 프랑드르 르 러빠
Où vous allez prendre le repas?

83. 몇 차례·몇 번

빠리가는 여객기는 몇 차례나 있습니까?

꽁비앙 드 포와 이 아 띨 라비옹 디렉씨옹 빠리?
Combien de fois y a-t-il l'avion direction Paris?

빠리가는 열차는 몇 차례나 있습니까?

꽁비앙 드 포와 이 아 띨 르 트랑 디렉씨옹 빠리??
Combien de fois y a-t-il le train direction Paris?

84. 지 연

얼마나 지연됩니까? (출발이)

꽁비앙 에 띨 러다르데? (떼빠르)
Combien est-il retardé?(départ)

85. 연 착

여객기는 30분 연착했습니다.

라비옹 에 떵 러따르 드 트랑뜨 미뉘뜨
L'avion est en retard de trente minutes.

86. 통과여객

통과여객입니다.

쥬 쉬 빠싸제
Je suis passager.

87. 무착륙 비행

이것은 무착륙 비행기편입니까?

Est-ce le vol sans attérrissage?

88. 도중착륙

일본에서 도중착륙합니다.

Nous attérrions au Japon en chemin.

89. 갈아타다

나는 다른 여객기로 갈아타야만 한다.

Je dois faire de la correspondance d'avion.

90. 갈아타는 공항

갈아타는 공항 이름은 무엇입니까?

Quel est le nom de l'aéroport de correspon dance?

91. 양 보

먼저타세요. 먼저가세요. 먼저하세요.

après vous.

92. 물건 값

값을 깎을 수 있습니까?

쥬 부드레 마르샹데.
Je voudrais marchander.

값을 조금 깎아줄 수 있습니까.

쥬 부드레 마르샹데 엉 쁘띠 쁘.
Je voudrais marchander un petit peu.

93. 출국수속

출국수속은 마치셨습니까?

레 포르말리떼 드 데빠르 송 피니?
Les formalités de départ sont finies?

94. 현지 시간

뉴욕 현지 시간은 몇 시입니까?

껠 에 러르 쉬르 레 리루?
Quelle est l'heure sur les lieux?

95. 다음 비행기

서울행 다음 비행기는 몇 시에 떠납니까?

아 껠 러르 라비옹 프로생 빠르 뿌르 세울?
A quelle heure l'avion prochain part pour
Séoul?

96. 이 열차에 식당차가 있습니까?

Est-ce qu'il y a le wagon-restaurant dans ce train?

97. 좌 석

미안합니다. 이 자리에 앉아도 될까요?

Pardon, puis-je m'assoir sur cette place?

98. 1박 예정

뉴욕에서 1박할 예정입니다.

J'ai le projet de passer une nuit à New York.

100. 2박 3일 여행

하와이로 2박 3일 여행을 할 예정입니다.

J'ai le projet de voyager pour deux jours(trois nuits) à Hawai.

101. 1인실

나는 1인실을 예약하고 싶습니다.

chambre pour une personne.

대화할 때 필요한 기본표현

- 다시 한번 말씀해 주시겠습니까?

  디뜨 모아 앙꼬르 윈느 포와?
  Dites-moi encore une fois?

- 말씀을 잘 알아들을 수가 없군요.

  쥬느 꽁프랑 빠 비앙
  Je ne comprends pas bien.

- 말씀하시는 것을 이해할 수 없군요.

  쥬느 꽁프랑 빠 비앙
  Je ne comprends pas bien.

- 내가 이해할 수 있도록 말씀하신 것을 적어주시겠습니까?

  뿌베 부 노떼 뿌르 끄 주 꽁프렌느?
  Pouvez-vous noter pour que je comprenne?

- 말씀하시는 것을 반정도만 이해합니다.

  주 꽁프란 윈느 모아띠에
  Je comprends une moitié.

- 제가 말을 제대로 했습니까?

  재 비앙 디?
  J'ai bien dit?

자기소개의 기본표현 (1)

- 제 소개를 할까요?

  뿨 주 므 프레쟝떼?
  puis-je me présenter?

- 나의 이름은 김동수입니다.

  쥬 마뻴 김 동수
  Je m'appelle KIM Dong-Soo.

- 성은 김이고 이름은 동수입니다.

  몽 농 드 파미 에 김, 몽 프레농 에 동수
  Mon nom de famille est KIM, mon prénom
  est Dong-Soo.

- 제 소개를 하겠습니다.

  쥬 베 므 프레쟝떼
  Je vais me présenter.

- 저는 김기수라고 합니다.

  쥬 마뻴 김 기수
  Je m'appelle KIM Ki-Soo.

- 그냥 기수라고 불러주세요.

  아뻴레 모아 기수 쌩뿔르망
  Appelez-moi Ki-Soo simplement.

자기소개의 기본표현 (2)

● 방금 소개된 김인수입니다.

Je suis KIM In-Soo présenté tout-à-l'heure.

● 앞으로 저를 인수라고 불러 주십시오.

Appelez-moi In-Soo.

● 저는 한국에서 왔습니다.

Je viends de la Corée.

● 잘 부탁합니다.

Prière de bien aller avec moi.

● 외국어에 대해서 말씀을 드리면,

En ce qui concerne ma l'anglais,

● 외국어를 잘못하기 때문에 잘해보려고 노력하고 있습니다.

J'essaie de corriger ma faute de l'anglais.

● 피눈물 나는 노력을 할 생각입니다. 감사합니다.

J'essaierai avec tous mes efforts, merci.

- 초면입니다. 인사나 하실까요.

  쎄 라 프리미에르 랑꽁트르. 앙샹떼
  C'est la première rencontre. Enchanté.

- 김동수라고 합니다. 한국에서 왔습니다.

  쥬 쉬 김 동수. 쥬 비앙 드 라 꼬레.
  Je suis KIM Dong-Soo. Je viens de la Corée.

- 성함을 어떻게 불러야 되겠습니까?

  껠 레 보트르 농?
  Quel est votre nom?

- 그냥 동수라고 부르세요.

  아쁠레 모아 민수 쌩쁠르망
  Appelez-moi Dong-Soo simplement.

- 김이 나의 성입니다.

  김 에몽 농 드 파미
  KIM est mon nom de famille.

- 김의 철자를 알고 싶습니다.

  꼬망 에크리르 김?
  Comment écrire KIM?

- K.I.M

● 제 동생을 소개하겠습니다.

쥬 프레쟝뜨 몽 프레르(마 써르)
Je présente mon frère(ma sœur).

● 제 동생과 인사나 하시죠.

쌀루에 몽 프레르(마 써르)
Saluez mon frère(ma sœur).

● 제 부인과 인사하시죠.

쌀루에 마 팜므
Saluez ma femme.

● 처음 뵙겠습니다. 부인

쎄 라 프리미에르 랑꽁트르. 앙샹떼, 마담
C'est la première rencontre. Enchanté,
madame.

● 　씨한테서 말씀 많이 들었습니다.

재 앙땅 뒤 보꾸 드 쇼즈 쉬르 부
J'ai entendu beaucoup de choses sur vous.

● 그 전부터 꼭 만나뵙고 싶었습니다.

재 아떼 드 부 랑꽁트레
J'ai hâté de vous rencontrer.

A를 B에게 소개할 때 (2)

● 이씨, 이쪽은 김씨입니다.

Monsieur KIM, C'est monsieur Lee.

● 김씨, 이쪽은 이씨입니다.

Monsieur KIM, C'est monsieur Lee.

● 처음 뵙겠습니다. 이씨. 만나서 반갑습니다.

C'est la première rencontre. Enchanté, mons
ieur Lee.

● 처음 뵙겠습니다. 김씨 나도 역시 만나서 반갑습니다.

C'est la première rencontre. Enchanté, mons
ieur KIM.

A를 B와 C에게 소개할 때

- 이씨, 이분이 김씨, 이분은 한씨입니다.

  무슈 리, 쎄 무슈 김 에 쎄 무슈 한
  Monsieur Lee, C'est monsieur KIM et C'est monsieur HAN.

- 이분은 이씨입니다.

  쎄 무슈 리
  C'est monsieur Lee.

- 처음 뵙겠습니다. 이씨. 만나서 반갑습니다.

  쎄 라 프리미에르 랑꽁트르. 앙샹떼, 무슈 리.
  C'est la première rencontre. Enchanté, monsieur Lee.

- 두분 처음 뵙겠습니다. 역시 만나서 반갑습니다.

  쎄 라 프리미에르 랑꽁트르. 앙샹떼 오씨, 메슈
  C'est la première rencontre. Enchanté aussi, messieurs.

간단한 인적사항을 결들인 소개 (1)

- 이씨, 이분은 삼성전자에서 근무하는 김씨입니다.

  무슈 리, 쎄 무슈 김 끼 트라바이 아 렐렉트로메나제 드 삼성
  Monsieur Lee, c'est monsieur KIM qui travaille
  à l'électroménager de Samsung.

- 김씨, 이분은 청구사에서 근무하시는 이씨입니다.

  무슈 김, 쎄 무슈 리 끼 트라바이 아 청구
  Monsieur KIM, c'est monsieur Lee qui travaille
  à Chung-Gu.

소개 (2)

- 이씨, 이분은 한 직장에서 같이 일하고 있는 민씨입니다.

  무슈 리, 쎄 무슈 민 끼 트라바이 마베끄 모아
  Monsieur Lee, c'est monsieur MIN qui travaille
  avec moi.

- 이씨, 이분은 민씨입니다. 저와 같이 일하는 사람입니다.

  무슈 리, 쎄 무슈 민. 일 트라바이 마베끄 모아
  Monsieur Lee, c'est monsieur MIN. Il travaille
  avec moi.

- 우리는 대학 동기입니다.

  누 쏨 쏘르띠 드 라 멤므 유니베르씨떼
  Nous sommes sortis de la même université.

- 동창생입니다.

  누 쏨 까마라드 데꼴
  Nous sommes camarades d'école.

- 귀중한 거래처[고객, 단골]입니다.

  쎄 라 러라씨옹 프레씨우즈(끌리앙, 끌리앙 피델)
  C'est la relation précieuse(client, client fidel).

- 나의 귀중한 구매자입니다.

  쎄 몽 아쉬떠 엥뽀르땅
  C'est mon acheteur important.

- 이웃 동네분입니다.

  쎄 몽 보와쟝
  C'est mon voisin.

- 우리집 옆집에 사십니다.

  일 아비뜨 아 꼬떼 드 마 메종
  Il habite à côté de ma maison.

- 한 집 건너 옆집에 사십니다.

  일 아비뜨 아 꼬떼 드 라 메종 드 프러미에 보아쟁
  Il habite à côté de la maison de premier v
  oisin.

- 우리는 절친한 친구사이이입니다.

  누 쏨 그랑 쟈미
  Nous sommes grands amis.

- 우리는 막역한 친구사이이입니다.

  누 쏨 그랑 쟈미
  Nous sommes grands amis.

감사할 때 필요한 기본표현   편지를 받고

- 편지 감사합니다.

메르씨 뿌르 보트르 레트르
Merci pour votre lettre.

- 귀하의 편지 잘 받았습니다.

재 비앙 러쉬 보트르 레트르
J'ai bien reçu votre lettre.

초대를 받고

- 초대해 주서서 감사합니다.

메르씨 뿌르 보트르 엥비따씨옹
Merci pour votre invitation.

- 저녁식사에 초대해 주서서 감사합니다.

메르씨 뿌르 렝비따씨옹 드 디네
Merci por l'invitation de dîner.

- 결혼식에 초대해 주서서 감사합니다.

메르씨 뿌르 렝비따씨옹 뒤 마리아쥐
Merci pour l'invitation du mariage.

- 집들이 파티에 초대해 주서서 감사합니다.

메르씨 뿌르 렝비따씨옹 드 라 페뜨 드 크러마이에르
Merci pour l'invitaion de la fête de crémaillère.

- 생일파티에 초대해 주서서 감사합니다.

메르씨 뿌르 렝비따씨옹 드 라 페뜨 드 라니베르쎄르
Merci pour l'invitation de la fête de l'anniversaire.

파티를 열어주어 감사할 때

- 저를 위해 파티를 열어주어 감사합니다.

  메르씨 다보아 패 라 패뜨 뿌르 모아
  Merci d'avoir fait la fête pour moi.

- 저를 위해 환영회를 열어주어 감사합니다.

  메르씨 다보아 패 몽 아리베
  Meci d'avoir fait mon arrivée.

- 저를 위해 송별회를 열어주어 감사합니다.

  메르씨 뿌르 라 레위니옹 다듀
  Mercie pour la réunion d'adieux.

- 전출 파티를 열어주어 감사합니다.

  메르씨 드 페떼 몽 샹쥬망 드 뽀스뜨
  Merci de fêter mon changement de poste.

- 퇴직 파티를 열어주어 감사합니다.

  메르씨 뿌르 라 레쎕씨옹 드 몽 러트레뜨
  Merci pour la réception de mon retraite.

- 축하회를 열어주어 대단히 감사합니다.

  메르씨 드 므 페리씨떼
  Merci de me féliciter.

선물을 받고 감사할 때

- 좋은 선물을 주셔서 대단히 감사합니다.

  메르씨 보꾸 뿌르 보트르 봉 까도
  Merci beaucoup pour votre bon cadeau.

사과할 때 필요한 기본표현   늦었을 때

- 죄송합니다. 좀 늦었습니다.

  쥬 쉬 데졸레. 주 쉬 정 러따르
  Je suis désolé. Je suis en retard.

- 늦어서 미안합니다. [죄송합니다]

  데졸레 드 몽 러따르
  Désolé de mon retard.

- 기다리게 해서 미안합니다.

  빠르동 드 부 패르 아땅드르
  Pardon de vous faire attendre.

기분을 상하게 하고

- 기분을 상하게 해드렸다면 사과합니다.

  데졸레 드 부 쟈보와 쇼께
  Désolé de vous avoir choqué.

- 화나게 해드렸다면 사과합니다.

  기분 나쁘게 해드렸다면 사과합니다.

  데졸레 드 부 패르 파쉐
  Désolé de vous avoir fait fâché.

- 찾아뵙지 못해서 정말 죄송합니다.

  데졸레 드 느 빠 부 쟈보아 뷔
  Désolé de ne pas vous avoir vu.

오랫동안 편지를 못하고

● 이렇게 오랫동안 격조하여 사과를 드려야겠습니다.

데졸레 드 느 빠 쟈보아 앙보아예 롱땅
désolé de ne pas avoir envoyé longtemps.

● 무어라 사과를 드려야할지 모르겠습니다.

주 느 쌔 빠 꼬망 디르 뿌르 메 쌍띠망 데졸레
Je ne sais pas comment dire pour mes sen
timents désolés

● 사과할 것이 있습니다.

쥬 브 드망드 빠르동
Je vous demande pardon.

오히려 이쪽에서 사과해야 할 때

● 사과할 사람은 그쪽이 아니라 오히려 이쪽입니다.

쎄 빠 쏠뤼라 끼 도와 드망데 빠르동, 쎄 쏠뤼씨
C'est pas celui-là qui doit demander pardon,
c'est celui-ci.

● 그 일로 사과하실 필요없습니다.
전혀 중대한 일이 아닙니다.

느 부 제쓰뀌제 빠. 쎄 빠 엥뽀르땅
Ne vous excusez pas. C'est pas important.

일을 저지르고 또는 양해를 구할 때

- 내가 저지른 일을 사과합니다.

  빠르도네 모아 드 쓰 끄 재 패
  Pardonnez-moi de ce que j'ai fait.

- 실례[무례]를 사과합니다.

  엑쓰뀌제 모아 몽 엥뽈리떼쓰
  Excusez-moi mon impolitesse.

- 저의 경솔함을 사과드립니다.

  엑쓰뀌제 모아 몽 엥프뤼당스
  Excusez-moi mon imprudence.

- 성가시게해서 죄송합니다.

  빠르동 드 부 데랑제
  Pardon de vous déranger.

- 말씀 도중에 죄송합니다.

  엑쓰뀌제 모아 드 부 쟁떼롱프르
  Excusez-moi de vous interrompre.

- 얼굴(옷차림)이 이래서 죄송합니다.

  데졸레 드 몽 꽁뽀르뜨망
  désolé de mon comportement.

- 장갑을 낀채로입니다. 양해하여 주십시오.

  쥬 뽀르뜨 레 강. 데졸레
  Je porte les gants. Désolé.

가벼운 사과(액센트의 위치에 주의!)

- 죄송합니다. 미안합니다.

  데졸레
  Désolé.

- 죄송합니다. 미안합니다.

  빠르동
  Pardon.

- 저야말로 사과합니다. 저야말로 죄송합니다.
  사과는 제가 해야죠.

  쎄 모아 끼 도아 드망데 빠르동
  C'est moi qui dois demander pardon.

참고

- 감사합니다.

  메르씨
  Merci.

- 감사는 오히려 제가 해야죠.

  쎄 모아 끼 부 러메르씨
  C'est moi qui vous remercie.

- 미안!

  빠르동!
  Pardon!

사과에 대한 응답

● 괜찮습니다.

쥬 부 정 프리
Je vous en prie.

● 관계 없습니다.

쓰네 리앙
Ce n'est rien.

● 천만에요.

드 리앙
De rien.

● 있을 수 있는 일이지요.

쎄 뽀씨블
C'est possible.

● 누구나 그럴 수 있는걸요.

인 니아 빼르쏜 빠르패뜨
Il n'y a personne parfaite.

● 그런건 괜찮습니다. [염려하지마]

쓰네 리앙
Ce n'est rien.

● 그런건 잊어주세요. [그 일은 잊어주시오]

우블리에 르
Oubliez-le.

 하나, 둘 해외 여행 프랑스어

- 신경 쓰지마라, 괜찮다.

  Ne vous-inquiétes pas. Ce n'est rien.

- 중대한 일이 아닙니다.

  C'est pas important.

- 그 일은 걱정하지 마시오.

  Ne vous inquiétes pas de cela.

- 그 까짓 일로 걱정마라.

  Ne vous inquiétes pas de petite chose.

- 사과할 것 없다.

  Ne t'excuse pas.

- 사과할 쪽은 그쪽이 아니라 바로 이쪽입니다.

  C'est pas celui-là qui doit demander pardon,
  c'est celui-ci.

- 나는 벌써 기분을 풀은걸요 뭐.

  Je dissipe déjà.

도움이나 친절에 대하여

● 당신의 친절에 깊이 감사합니다.

메르씨 드 보트르 쟝띠에쓰
Merci de votre gentillesse.]

● 도와 주서서 대단히 고맙습니다.

메르씨 드 보트르 에드
Merci de votre aide.

● 조언해 주서서 [힌트를 주어] 고맙습니다.

메르씨 드 보트르 꽁쎄이
Merci de votre conseil.

● 위로해주서서 깊이 감사합니다.

메르씨 드 마보아 꽁쏠레
Merci de m'avoir consolé.

● 여러가지로 애를 써 주셨습니다. 감사합니다.

부 쟈베 패 보 제포르. 메르씨
Vous avez fait vos efforts. Merci.

● 정말 신세졌습니다.

쥬 도와 보꾸 아 부
Je dois beaucoup à vous.

● 여러 가지로 신세졌습니다.

쥬 도와 보꾸 드 쇼즈 아 부
Je dois beaucoup de chose à vous.

● 무어라고 감사해야할지 모르겠습니다.

쥬 느 쌔 빠 꼬망 디르 뿌르 메 쌍띠망 러메르씨에
Je ne sais pas comment dire pour mes
sentiments remerciés.

● 여기있는 동안 베풀어주신 후대에 깊이 감사드립니다.

쥬 부 러메르씨 드 뚜 스 끄 부 쟈베 패 뿌르 모아
Je vous remercie de tous ce que vous
avez fait pour moi.

● 당신의 은혜는 결코 잊지 않겠습니다.

쥬 누블리러레 쟈메 드 보 비앙패
Je n'oublierai jamais de vos bienfaits.

● 이 은혜를 어찌 갚아야할지 모르겠습니다.

쥬 느 쌔 빠 꼬망 랑드르 데 비앙패
Je ne sais pas comment rendre des bienfaits.

● 당신에게 큰 은혜를 입고 있습니다.

쥬 러슈아 드 그랑 파버르 드 부
Je reçois de grands faveurs de vous.

● 어떻게 감사를 충분히 드려야할지 모르겠습니다.

쥬 느 쌔 빠 꼬망 부 러메르씨에 쉬피쟈망
Je se sais pas comment vous remercier
suffisamment.

감사표현에 대한 응답

- 천만에요.

  쓰네 리앙
  Ce n'est rien.

- 원 별말씀을

  드 리앙
  De rien.

- 천만의 말씀입니다.

  아 보트르 쎄르비쓰
  A votre service.

- 천만의 말씀입니다.

  아 보트르 쎄르비쓰
  A votre service.

- 원 천만에요.

  아 보트르 쎄르비쓰
  A votre service.

- 그걸 대단한 것으로 생각지 마십시오.

  쎄 라 모엥드르 쇼즈
  C'est la moindre chose.

- 감사해야 할 쪽은 그쪽이 아니고 바로 이쪽입니다.

  쎄 빠 쓸뤼라 끼 도와 러메르씨에 쎄 쓸뤼씨
  C'est pas celui-là qui doit remercier, c'est celui-ci.

- 당신을 도와드려서 기뻤습니다.

  쥬 쒸 에로 드 부 재데
  Je suis heureux de vous aider.

- 나는 사람들 도와주는걸 좋아합니다.

  잼 비앙 애데 아 도트르
  J'aime bien aider à d'autres.

- 아! 아닙니다. 아무것도 아닙니다. 너무 그러지 마십시오.

  아! 농. 스 네 리앙
  Ah! non. Ce n'est rien.

- 제가 큰 도움이 되었다니 기쁩니다.

  쥬 쉬 에로 드 부 재데
  Je suis heureux de vous aider.

- 제가 도울 수 있었던 것이 다행입니다.

  쎄 비앙 드 부 재데
  C'est bien de vous aider.

- 그건 기쁜 일입니다. [도와 드린다는게 기쁜일이죠 뭐]

  쎄 드 라 조와
  C'est de la joie.

길을 물을때와 안내할 때 (1)

- 실례합니다. 나씨옹우체국으로 가는 길을 가르쳐 주시겠습니까?

  엑스뀌제모아. 뿌리에 부 엥디께 라 디렉씨옹 드 라 뽀스뜨 나씨옹?
  Excusez-moi. Pourriez-vous indiquer la direct ion de la poste Nation?

- 네. 여기서 소형버스를 타세요. 401 호입니다.

  위. 프러네 르 쁘띠 뷔스. 뉘메로 갸트르 쌍 떼 엉
  Oui. Prenez le petit bus. Numéro quatre cent-et-un.

- 중앙우체국까지는 몇 정거장입니까?

  꽁비앙 다레 이 아띨 쥐스까 라 뽀스뜨 나씨옹?
  Combien d'arrêts y a-t-il jusqu'à la poste Nation?

- 다섯 정거장 됩니다.

  쌩까레
  Cinq arrêts.

- 마이크로버스는 얼마나 자주 다닙니까?

  꽁비앙 드 포아 르 미니 뷔스 쓰 씨르뀔?
  Combien de fois le mini-bus se circule?

- 매 4분마다 있습니다.

  윈느 포와 아 샤끄 꺄트르 미뉘뜨
  Une Fois à chaque quatre minutes.

- 대단히 감사합니다.

  메르씨 뽀꾸
  Merci beaucoup.

- 실례합니다. 이 길이 나씨옹으로 가는 길입니까?

  엑스뀌제 모아. 쌔뜨 루뜨 에 비앙 라 뿌르 알레 아 나씨옹?

  Excusez-moi. Cette route est bien là pour aller à Nation?

- 네, 그렇습니다.

  위

  Oui.

- 좀 지나쳐 오셨습니다.

  오던길을 2, 3분 도로 가십시오.

  부 쟈베 데빠쎄. 러뚜르네 두 우 트와 미뉘뜨

  Vous avez dépassé. Retournez deux ou trois minutes.

- 앞에 간판이 보일겁니다.

  부 베레 잉 빠노 잉 빠스 드 부

  Vous verrez un panneau en face de vous.

- 쉽게 찾을 수 있습니다.

  부 트루버레 파실르망

  Vous trouverez facilement.

- 감사합니다.

  메르씨

  Merci.

- 실례합니다. 경찰관님.
  여기가 초행이라서 길을 잃었습니다.
  여기가 어디쯤 됩니까?

빠르도네 모아 뽈리씨에
주 쉬 에트랑제 이씨, 알로 주 므 쉬 뻬르 뒤
우 엉 쏨 누?
Pardonnez-moi. policie.
Je suis étranger ici, alors je me suis perdu.
Où en sommes-nous?

- 여기 지도가 있습니다.
  계신 곳이 이 지점입니다.

봘라 르 쁠랑. 부 재뜨 이씨
Voilà le plan. Vous êtes ici.

- 저는 지금 몽빠르나쓰에 있군요.

쥬 씨 아 몽빠르나쓰
Je suis à Montparnasse.

- 네, 그렇습니다.

위
Oui.

- 실례합니다. 교통순경아저씨,
  몽빠르나쓰가는 길을 찾고 있는데 가도록 도와주시겠습니까?

  엑스뀌제모아, 뽈리씨에
  주 세르쉬 라 루뜨 뿌르 알레 아 몽빠르나쓰 . 뿌베 부 메데?
  Excusez-moi, policier.
  Je cherche la route pour aller à
  Montparnasse. Pouvez-vous m'aider?

- 가르쳐 드리고 말고요.
  에트랑제엔 처음 오셨습니까?

  비앙 쉬르
  부 재뜨 에트랑제?
  Bien sûr.
  Vous êtes étranger?

- 네, 그렇습니다.
  어리둥절해서 어찌할 바를 모르겠습니다.

  위. 주 쉬 데꽁쎄르떼
  Oui. Je suis déconcerté.

- 23번 버스를 타십시오. 정류장은 바로 저쪽입니다.

  프러네 르 뷔스 뱅트와. 라레 드 뷔스 에 비앙 라
  Prenez le bus vingt-trois. L'arrêts de bus est
  bien là

● 실례합니다.
나씨옹 버스터미널에 어떻게 가는지 일러주시겠습니까?

엑스뀌제모아.
뿌리에 부 엥디께 라 디렉씨옹 드 라 스따씨옹 드 뷔스 나씨옹?
Excusez-moi. Pourriez-vous indiquer la direction de la station de bus Nation?

● 일러드리고 말고요.

비앙 쉬르
Bien sûr.

● 길을 건너가서서 택시를 타시고 운전수에게
나씨옹 버스터미널에서 내려달라고 하세요.

트라베르쎄 에 프러네 르 딱씨
디뜨 오 쇼퍼르 데쌍드르 오 떼르미날 드 뷔스 나씨옹.
Traversez et prenez le taxi.
Dites au chauffeur descendre au terminal de bus Nation.

● 실례합니다.
잠시 말씀 좀 나누실까요? [뭣 좀 물어볼 수 있습니까?]

빠르동
뿨 주 뽀제 데 께쓰띠옹?
Pardon.
Puis-je poser des questions?

● 네.

위
Oui.

● 이 근처에 한국식당이 있습니까?

이 아 띨 르 레스또랑 꼬레앙 프레 디씨?
Y a-t-il le restaurant coréen près d'ici?

● 글쎄요. 제가 아는한 없는걸로 알고 있습니다.

에 비앙. 일 니 엉 아 빠 끄 주 샤쉬
Eh bien. Il n'y en a pas que je sache.

● 중국식당만 있을 따름입니다.

일 니 아 끄 르 레스또랑 쉬노아
Il n'y a que le restaurant chinois.

● 여기가 어디쯤일까?

우 엉 쏨 누?
Où en sommes-nous?

● 글쎄! 모르겠네요.

에 비앙. 주 느 쌔 빠
Eh bien. Je ne sais pas.

● 틀림없이 이 근처인데

쎄 비앙 라 쌍 두뜨
C'est bien là sans doute.

● 아, 저기 경찰관이 오네요. 물어봅시다.

아, 엉 뽈리씨에 비앙. 뽀종 르
Ah, un policier vient. Posons-le.

● 실례합니다. 경찰관님 가장 가까운 지하철역이 어디에
있는지 일러줄 수 있습니까?

엑스뛰제모아. 뿌리에 부 엥디께 라 디렉씨옹 뿌르 알레 아 라 가르
쁠뤼 프로쉬?
Excusez-moi. Pourriez-vous indiquer la
direction pour aller à la gare la plus proche?

- 실례합니다. 81번을 타면 몽빠르나쓰에 갈 수 있습니까?

엑스뀌제모아.
쀠 주 알레 아 몽빠르나쓰 엉 프러낭 르 뉘메로 가트르 뱅 떼엉?
Excusez-moi.
Puis-je aller à Montparnasse en prenant le numéro quatre-vingt-et-un?

- 네, 그렇습니다만 빙 돌아가는 길이 됩니다.
택시를 타시면 많은 시간이 절약됩니다.

위. 메 부 부 데뚜르네 드 보트르 루뜨.
Oui, mais vous vous détournez de votre route.
부 부베 에꼬노미제 르 땅 씨 부 프러네 르 딱씨
Vous pouvez économiser le temps si vous prenez le taxi.

- 여기 택시가 오는군요.

발라 르 딱시
Voilà le taxi.

- 내가 잡겠습니다.

주 르 프랑
Je le prends.

부록 : 길을 물을 때와 안내할 때

● 참 건물 크다! 몇 층이나 될까?

끄 스 바띠망 에 그랑! 꽁비앙 데따쥐?
Que ce bâtiment est grand! Combien
d'étages?

● 이씨 사무실은 어디에 있을까?

우 에 로피스 드 무슈 리?
Où est l'office de Monsieur Lee?

● 저기 안내소가 있습니다. 여직원에게 물어봅시다.

르 뷔로 드 렝포르마씨옹 에 빠르 라
뽀종 라 께스띠옹 아 라 쎄르버즈
Le bureau de l'information est par là.
Posons la question à la serveuse.

● 실례합니다. 아가씨,
이씨 사무실은 몇 층이지요?

엑스뀌재 모아, 마드모아젤
아 껠 에따쥐 로피스 드 무슈 리 에 라?
Excusez-moi Mademoiselle.
A quel étage l'office de Monsieur Lee est
là?

● 10층에 있습니다.

오 디지엠므 에따쥐
Au dixième étage.

- 이 근처에 주유소가 있다고 하던데요.

재 앙땅 뒤 디르 낄 이아 라 스따씨옹 세르비스 프레디씨
J'ai entendu dire qu'il y a la station-service prèsd'ici.

- 약 열상점 아래 있는데요.
도로에서 조금 들어가 있습니다.

부 데빠쎄 앙비롱 디 마가쟁. 싸쓰 투르브 엉 뿌 드 로앵 드 루뜨
Vous dépassez environ dix magasins. Ça se trouve un peu de loin de route.

- 차례를 기다리는 차들 좀 보세요.

러가르데 레 봐뛰르 끼 아땅데
Regardez les voitures qui attendez.

- 손님 가득 채워 드릴까요?

랑쁘리 쁠랑, 무슈?
Rempli plein, Monsieur?

- 그래요.

위
Oui.

● 실례합니다. 이 길을 따라가면 지하철역이 나옵니까?

엑스뀌재모아. 주 프랑 비앙 라루뜨 뿌르 알레 아 라 스따씨옹 드 베트로?

Excusez-moi. Je prends bien la route pour aller à la station de métro?

● 네, 그렇습니다.

위

Oui.

● 지하철역으로 가는 지름길을 가르쳐 주시겠습니까?

뿌리에 부 멩디께 라 루뜨 라 쁠뤼 프로쉬 뿌르 알레 아 라 스따씨옹 드 메트로?

Purriez-vous m'indiquer la route la plus proche pour aller à la station de métro?

● 이 길로 계속 가시다보면 큰 네거리가 나옵니다.
죄회전하시고 똑바로 가십시오.

알레 뚜 도와 에 부 베레 엉 까르푸르
뚜르네 아 고쉬 에 마르세 뚜 드와

Allez tout droit et vous verrez un carrefour.
Tournez à gauche et marchez tout droit.

판 권
본사
소 유

하나, 둘 해외여행 프랑스어

2017년 5월 25일 인쇄
2017년 5월 30일 발행

지은이 / 국제언어교육연구회
펴낸이 / 최　　삼　　일

펴낸곳 / 태 을 출 판 사
서울특별시 강남구 도곡동 959-19
등록 / 1973년 1월 10일(제4-10호)

©2001, TAE-EUL publishing Co., printed in Korea
잘못된 책은 구입하신 곳에서 교환해 드립니다.

■ 주문 및 연락처

우편번호 １００-４５６
서울특별시 중구 신당6동 52-107 (동아빌딩 내)
전화 / 2237-5577　　팩스 / 2233-6166

ISBN 89-493-0162-8　　13760